ŠTEFANI ŠTAL

DETE U TEBI MORA DA PRONAĐE SVOJ ZAVIČAJ

RADNA SVESKA

Prevela s nemačkog
Dušica Milojković

Laguna

Naslov originala

Stefanie Stahl
Das Kind in dir muss Heimat finden
In drei Schritten zum starken Ich – das Arbeitsbuch

Najviše senki u našem životu
potiče otud što sami sebi
zaklanjamo sunce.

Ralf Valdo Emerson

Sadržaj

U tri koraka do jakog *ja*

Dragi čitateljke i čitaoci,

Ovom radnom sveskom i vežbankom želela bih da vam pomognem da svoje probleme shvatite na sasvim jednostavan način i da ih rešite lako, kao u igri. Ideja za knjigu ne potiče od mene, već od Aleksandre, jedne učesnice seminara koje sam držala. U pauzi me je upitala ne bih li mogla da uz svoju knjigu za psihološku samopomoć *Dete u tebi mora da pronađe svoj zavičaj* obezbedim i radnu svesku jer bi joj to mnogo pomoglo u radu s njenim sopstvenim klijentima. Ideja me je spontano oduševila, a izdavačka kuća je odmah pristala. I tako sam se bacila na posao.

Knjiga može da se iskoristi za rad i da se čita nezavisno od one prve. Osnovne teorijske ideje ovde sam jako naglasila i na primerima ih ilustrovala preko likova Mihaela i Sabine. Mihael i Sabina pratiće vas kroz celu knjigu i davaće vam primere za skoro sva vežbanja.

Svaki odeljak sadrži najmanje jednu vežbu, tako da možete da napredujete vrlo konkretno i pragmatično, korak po korak. Vežbe su jednostavne i rade se lako – dakle ne traže mnogo vremena niti neku neuobičajeno veliku motivaciju. U poređenju s prvom knjigom *Dete u tebi mora da pronađe svoj zavičaj*, ove vežbe podeljene su na manje korake. Dodala sam i mnogo novih vežbi. Uopšte uzevši, veoma sam se potrudila da svojim čitateljkama i čitaocima ponudim mnogo novoga i da stvorim nedvosmisleni višak vrednosti u odnosu na prvu knjigu.

Kad je već reč o dodatnoj vrednosti: osnovna struktura ove radne sveske ista je kao i struktura knjige – i ovde će se, dakle, raditi o našem takozvanom sunčanom detetu i detetu senke. Pored toga, kroz ovu vežbanku se kao crvena nit provlači i tema „autonomije i zavisnosti“. Nalaženje prave ravnoteže između naše težnje za autonomijom i naše potrebe za vezivanjem (zavisnosti) jedan je od glavnih i osnovnih sukoba koji se odvijaju u čoveku. Zajedno s osećanjem sopstvene vrednosti, ta ravnoteža je od presudnog značaja za uobličavanje našeg života i naših veza i odnosa. Mislim da će vam ova proširena struktura još više olakšati rad na razumevanju sopstvenih problema i učiniti da ih još više rešavate kao kroz igru.

A sad da kažemo nešto o strukturi knjige: u prvom koraku pomažem vam da upoznate takozvano *dete senke.* Dete senke predstavlja negativno utiskivanje iz detinjstva koje u životu može neprestano da nam izaziva frustraciju i nezadovoljstvo. Ti duboki i često nesvesni programi uzrok su (skoro) svih problema koje u životu imamo. Šta tačno čini dete senke i kako možete da otkrijete svoje dete senke objasniću u prvom odeljku ove knjige pomoću jednostavnih primera i konkretnih vežbi.

U drugom koraku okrenućemo se svome *odraslom ja*, koje je poznato i kao „unutrašnji odrasli". Tu se radi o našem jasnom umu koji razumno razmišlja. On nam je najvažniji pomoćnik u promišljanju i rešavanju problema. U ovom koraku pokazaću vam kako možete da ojačate svoje odraslo *ja*, tako da vašem detetu u senci pruža čvrst oslonac, a ako treba i da mu postavi granice.

U trećem koraku otkrićemo vaše *sunčano dete.* Sunčano dete predstavlja sve vaše zdrave, jake i radosne delove ličnosti. Pored toga, sunčano dete je jasna vizija stanja koje vam je cilj i puta koji do njega vodi.

U tekstu koji sledi dopustila sam sebi da s pomalo distanciranog „vi" pređem na poverljivo „ti". To omogućava ličniji odnos na zajedničkom istraživačkom putovanju koje nameravamo da preduzmemo i bolje se obraća detetu u tebi.

Prvi korak
Upoznaj svoje dete senke

Šta je tvoj problem?

Ovu knjigu uzeo si u ruke jer hoćeš da rešiš svoje probleme. Molim te da ovde zapišeš šta je tačno tvoj problem/problemi. Molim te i da pokušaš da se izražavaš što konkretnije i u celim rečenicama. Nemoj, dakle, da pišeš recimo: „Veza i odnosi“, nego: „Vezujem se za partnere koji se u odnos sa mnom ne upuštaju istinski, a onda se dugo borim da ih ubedim da me shvate ozbiljno.“

Svi problemi imaju neke veze s tvojim unutrašnjim stavom. Tvoj unutrašnji stav merodavno određuje kako doživljavaš svet „tamo napolju“. To važi čak i za udarce sudbine kao što su teška bolest, smrt, rat, progonstvo. Mada su to objektivno teške životne krize, subjektivna procena ovih kriza veoma mnogo utiče na to hoćemo li se zbog njih razbiti ili porasti. Zbog toga različiti ljudi s ovakvim krizama veoma različito izlaze na kraj.

Nadam se, međutim, da tvoji problemi nisu tako dramatični kao ovi koje smo upravo naveli. Zbog toga bih želela da na jednostavnom, svakodnevnom primeru Mihaela i Sabine objasnim u kojoj meri naši unutrašnji stavovi utiču na naše opažanje, mišljenje, osećanja i ponašanje.

Neki od vas već poznaju Mihaela i Sabinu jer su pročitali moju knjigu za psihološku samopomoć *Dete u tebi mora da pronađe svoj zavičaj*. Ovde nastavljam da navodim njih kao primer – da bi modeli i ono što može da ti pomogne bili jasno uočljivi.

Mihael se brzo razbesni ako njegova životna saputnica Sabina zaboravi nešto što mu je važno. Nedavno je prilikom kupovine zaboravila da kupi njegovu omiljenu kobasicu, a on je doslovno „odlepio". Žestoko su se posvađali – što im se i inače često događa.

Sigurno misliš da Mihaelova reakcija nije bila nužna – neki drugi čovek bi na isti događaj mogao da reaguje sasvim drugačije. Ono što je Mihaela razbesnelo nije, dakle, događaj po sebi (zaboravljena kobasica), već njegovo *tumačenje* tog događaja. Mihaelovo tumačenje glasi: Sabini nisam važan. Moje želje ne shvata ozbiljno. *Zbog toga* je pobesneo. A svi mi u nekoj situaciji reagujemo poput Mihaela, ne na objektivne činjenice, već na naše unutrašnje tumačenje tih činjenica.

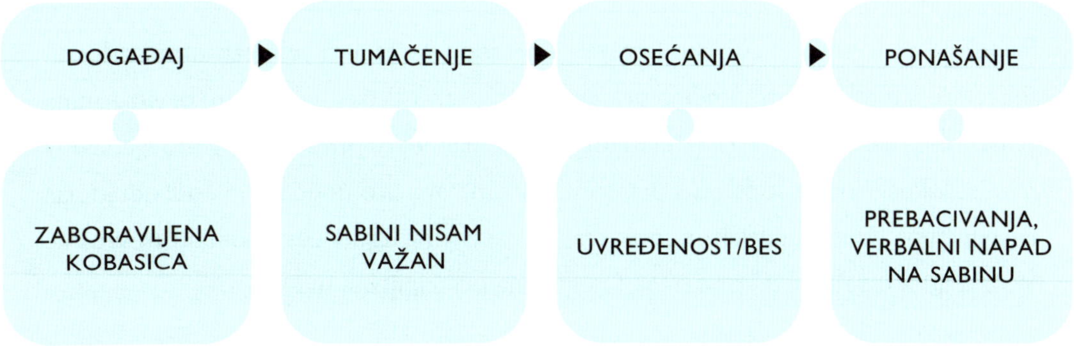

Navedi poznate situacije u kojima preterano emocionalno reaguješ (osećaš, recimo, jak strah, tugu, bes, uvređenost ili stid koji nisu srazmerni objektivnom povodu)

Molim te da to ovde zapišeš.

Kako tumačimo stvarnost

Kako dolazimo do tih tumačenja? To bih ponovo želela da objasnim na Mihaelovom primeru: Mihaelovi roditelji držali su pekaru, a on je imao još troje braće i sestara. Majka mu je stalno bila pod stresom, a otac je samo radio. Zbog opterećenosti poslom, Mihaelovi roditelji nisu mogli deci da poklone pažnju koja im je bila potrebna. Mali Mihael je, dakle, kao i sva deca, za ponašanje svoje majke, to jest ponašanje svojih roditelja, krivicu pripisivao sebi. Nije mislio, recimo: „Mama je pod prevelikim stresom, trebala bi joj kura opuštanja", već: „Ja nisam važan", „Nisam dovoljan", „Ne dobijam ono što mi treba" itd. Iskustva koja je stekao s roditeljima duboko su se utisnula u njegovu psihu. Za njega su postala opštevažeće istine. U psihologiji tu govorimo o takozvanim *principijelnim uverenjima.*

Principijelno uverenje: duboko i često nesvesno uverenje o sebi samome, odnosima među ljudima i svetu. Većina principijelnih uverenja nastaje tokom prvih godina života. Od rođenja do šeste godine formira se, naime, struktura našeg mozga. Zbog toga su iskustva koja stičemo s mamom i tatom naročito upečatljiva i određuju naš kasniji život. Ona ostavljaju dubok trag u našem mozgu i često ostaju nesvesna. Većina ljudi u sebi nosi i pozitivna i negativna principijelna uverenja.

TIPIČNA PRINCIPIJELNA UVERENJA

Nisam dovoljno dobar.
Moram da budem mio i dobar.
Vredan sam. / Ništa ne vredim.
Važan sam.
Dobrodošao sam.
Okej sam. / Nisam okej.
Na teretu sam.
Niko me ne vidi.

Koja principijelna uverenja ti spontano padaju na pamet?

____

____

____

____

____

____

VAŽNO

Svoja principijelna uverenja nosimo sa sobom i u svom odraslom dobu – a ona određuju način na koji opažamo i tumačimo svet. U skladu s tim, ona merodavno utiču na naša osećanja, mišljenje i ponašanje. Ako svet gledamo očima svoga deteta senke, imamo *iskrivljeno opažanje*. Sebe tada vidimo kao manje, a druge kao veće. Zbog toga lako možemo pogrešno da protumačimo namere svojih bližnjih i skloni smo da ih potcenjujemo ili idealizujemo.

Vezivanje i autonomija

Naša sreća i nesreća vrte se oko veza i odnosa s drugim ljudima. Šta vredi i najveće bogatstvo ako se čovek oseća usamljenim? Šta nam znači i najlepši uspeh ako se niko ne raduje s nama?

Da bi nam veze i odnosi bili uspešni i da bismo u nekoj zajednici umeli da se snađemo, moramo biti u stanju da se *prilagodimo* i da se *razgraničimo.* Prilagođavanje nam je potrebno za saglasnost, sklad i saradnju. Razgraničenje nam je potrebno za samoodržanje i za ostvarivanje naših interesa. Prilagođavanje, dakle, služi našoj egzistencijalnoj potrebi za *vezivanjem*, a razgraničavanje našoj egzistencijalnoj potrebi za *autonomijom i kontrolom.* Pritom se radi *o osnovnim psihološkim potrebama.* Od majčine utrobe pa do smrti život i naše međuljudske odnose određuje složena igra smenjivanja vezivanja i autonomije. I naš *osećaj sopstvene vrednosti* hrani se iskustvima koja smo sa roditeljima prikupili u pogledu svoje potrebe za vezivanjem i autonomijom. Ako su roditelji uglavnom ispunjavali našu potrebu za vezivanjem, za brigom, ljubavlju i zaštićenošću, mi u jednoj dubokoj ravni svoga postojanja osećamo da smo na ovome svetu dobrodošli i u principu možemo da se pouzdamo u međuljudske veze i odnose. Stekli smo *prapoverenje.* Ako su nam roditelji, pored toga, ostavljali i dovoljno prostora za samostalan razvoj i podsticali našu samostalnost, došli smo do uverenja da možemo nešto da postignemo i da utičemo na međuljudske odnose. I naše autonomne sposobnosti veoma mnogo doprinose stabilnom osećaju sopstvene vrednosti i izgradnji prapoverenja.

Zavisnost ◄ ***sopstvena vrednost*** ► ***autonomija***

Koliko su tvoji roditelji ispunili tvoju potrebu za vezivanjem i brigom? Oceni na skali od jedan do deset. Možda odmah imaš osećaj koji broj na skali važi za tebe, a ako nije tako, pomoći će ti ako se setiš dve ili tri konkretne situacije iz svog detinjstva. Prijatne i manje prijatne. Tako ćeš osetiti da li si od svojih roditelja dobio brigu i povezanost koji su ti bili potrebni, ili bi se pre moglo reći da nisi.

1 2 3 4 5 6 7 8 9 10

Na skali od jedan do deset, u kojoj meri su roditelji podsticali tvoju potrebu za samostalnošću i autonomijom? I ovde može biti od pomoći ako se setiš nekih konkretnih situacija iz detinjstva.

1 2 3 4 5 6 7 8 9 10

Kako danas stoji stvar u tvojim vezama? Težiš li prvenstveno vezivanju, naklonosti i harmoniji? Ili pretežno težiš svojoj ličnoj slobodi i samopotvrđivanju? Ili su ove dve osnovne potrebe, dakle potreba za vezivanjem i potreba za autonomijom, u tebi dobro uravnotežene?

Mnogi imaju teškoća da uspostave dobru ravnotežu između svoje potrebe za vezivanjem i potrebe za autonomijom. Ili se preterano prilagođavaju, ili se previše razgraničavaju. Neki se kreću između dva ekstrema – već u zavisnosti od veze i od situacije, čas su na zavisnoj, a čas na nezavisnoj strani.

Molim te da krstićem obeležiš gde se uglavnom nalaziš

VEZIVANJE		AUTONOMIJA
PRILAGOĐAVANJE		RAZGRANIČAVANJE
ZAVISNOST		NEZAVISNOST
POVERENJE		KONTROLA

Ljudi koji se previše *prilagođavaju* nedovoljno se zalažu za sopstvene potrebe i želje. Oni više reaguju nego što sami učestvuju u uobličavanju svojih veza i odnosa. Žive u podsvesnom strahu da će izgubiti vezu ili odnos, biti ostavljeni i ostati sami. Veza za njih znači sigurnost. Premalo veruju sebi.

Ljudi koji se previše *razgraničavaju* jesu oni kojima je previše stalo da urade po svome i ne ulaze mnogo u kompromise. Ispod praga svesti pokreće ih briga da će u međuljudskim odnosima i vezama izgubiti svoju slobodu i autonomiju. Najsigurnije se osećaju ako mogu da se oslone samo na sebe. Teško im pada da veruju drugima.

Ako, dakle, hoćemo da budemo načisto sa sobom i sa svojim bližnjima, moramo da uspostavimo zdravu ravnotežu između razgraničavanja i prilagođavanja.

Ko je dete senke?

Dete senke je metafora za negativna utiskivanja i principijelna uverenja koja smo stekli u detinjstvu. Ono u sebi nosi povrede našeg osećanja sopstvene vrednosti, koje su pre svega nastale povređivanjem naše potrebe za vezivanjem i/ili autonomijom u detinjstvu i mladosti. Možeš da ga shvatiš i kao unutrašnji deo ličnosti koji često deluje iz tvoje podsvesti.

Nasuprot njemu stoji sunčano dete – sa svojim pozitivnim utiskivanjima iz detinjstva, kao i sa svim onim mogućnostima kojima kao odrasli raspolažemo da bismo svoj život uobličili tako da bude srećan.

Najpre ćemo upoznati tvoje dete senke i njegova negativna utiskivanja. To je neophodno da bi na jednoj dubljoj ravni shvatio šta ti neprestano pravi probleme u životu. Pored toga, poznavanje deteta senke predstavlja osnovu na kojoj u trećem koraku razvijamo tvoje sunčano dete. Bavljenje sopstvenim detetom senke za tebe sigurno nije lako. Sasvim je moguće da kada dođeš u kontakt s njim, na površinu izađu osećanja tuge, straha, besa ili stida. Ali molim te da mi veruješ da se hvatanje ukoštac sa svojim detetom senke neverovatno mnogo isplati i da je zaista ključ za rešavanje tvojih problema. Pored toga, uveravam te da će posle prve trećine ove knjige sve krenuti „uzbrdo". Tu do reči dolazi tvoje odraslo *ja*, a na scenu stupa i tvoje sunčano dete.

Pre nego što dođemo do tvoga deteta senke, uz pomoć sledeće vežbe možeš da razmisliš kako si kao dete doživljavao/doživljavala svoje roditelje. Pritom se ne radi o tome da roditeljima pripišeš krivicu za svoje današnje probleme, već o tome da shvatiš šta se u detinjstvu u tebe utisnulo.

Mihael i Sabina će od sada pa nadalje učestvovati u skoro svim vežbama i tako mogu da ti pomognu kao likovi koji daju primer.

Molim te da dole zapišeš kako si zvao svoje roditelje (tata/mama, oče/majko itd.) i kako si ih kao dete doživljavao. Možda ti na um padaju i određene situacije sa roditeljima koje bi ovde mogao da zapišeš u kratkim crtama. Ako nisi odrastao s roditeljima, molim te da se u ovoj vežbi setiš osoba koje su brinule o tebi u ranim godinama detinjstva. Ako si imao i prirodnog oca, to jest majku, i očuha/maćehu, možeš da zapišeš oboje ako su oboje za tebe imali važnu ulogu. Ako misliš da je kod tebe u detinjstvu sve bilo u redu, ali da je u pubertetu situacija u kući postala teška, u vežbanju odradi taj period. Vežbu možeš da postaviš onako kako smatraš da je za tebe i tvoju situaciju ispravno. Savetovala bih ti, međutim, da broj važnih osoba u detinjstvu ostane što manji jer će inače situacija postati nepregledna.

Slobodno koristi jednostavan, dečji jezik – to ti pomaže da se preneseš u doba svoga detinjstva.

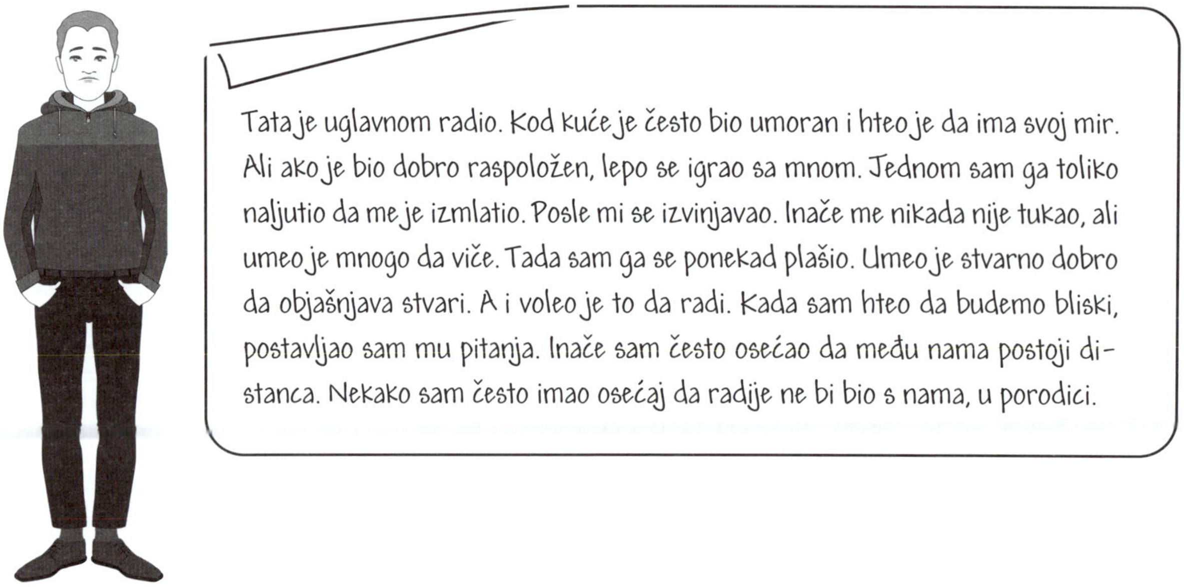

A sada si ti na redu, zapiši.

Ovako sam kao dete doživljavao ______________________ (ovde stavi ime kojim si nazivao oca/mušku osobu koja je brinula o tebi).

____

____

____

____

____

A sada, molim te, odgovori na sledeća pitanja:

Za šta me je moj ________________ (ovde napiši kako si zvao oca/osobu koja je brinula o tebi) hvalio?

____

Za šta me je ________ kažnjavao?

____

Da li mi je ________________ dao osećaj da vredim (na skali od 0–10)?

0 1 2 3 4 5 6 7 8 9 10

Šta mi je ________________ saopštavao, ko sam ja (na primer, pametan/glup mio/bezobrazan, radost/na teretu itd.)?

____

Da li je ________________ imao neku tipičnu uzrečicu/izgovarao neku tipičnu rečenicu/rečenice (na primer, „Samo me ostavi na miru")?

____

Koliko je ________________ bio samouveren (na skali od 0–10)?

0 1 2 3 4 5 6 7 8 9 10

Ako si sve upisao, molim te da nakratko zatvoriš oči i da osetiš kakvo osećanje prema tvom ocu (osobi koja je o tebi brinula) nastaje kada pomisliš na detinjstvo. Molim te zapiši to osećanje, ili osećanja.

____

Da li ti je to osećanje poznato i danas? Na primer prema tvom šefu, mužu, drugim muškim osobama?

A sada ćemo uraditi vežbu za tvoju majku (to jest za drugu osobu koja je brinula o tebi):

Kao dete ovako sam doživljavao ______________________ (stavi reč kojom si nazivao svoju majku/osobu koja je brinula o tebi)

____

____

____

____

____

Mama je uvek bila napeta, često i baš razdražljiva. Jedva je izlazila na kraj sa svim poslom koji je morala da obavi. Retko je imala vremena za mene. Često sam osećao da sam joj na teretu. Uvek je brinula šta će drugi ljudi reći. Ali ako je ponekad imala dobar dan, umela je da bude i vrlo mila i vesela.

Za šta me je ______________________ hvalila?

____

Za šta me je ______________________ kažnjavala?

____

Da li mi je ______________________ dala osećaj da vredim (na skali od 0–10)?

0 1 2 3 4 5 6 7 8 9 10

Šta mi je ______________________ saopštavala, ko sam ja?

____

Da li je ______________________ imala neku tipičnu izreku/izreke ili rečenicu/rečenice koje je izgovarala?

____

Koliko je ______________________ bila samouverena (na skali od 0–10)

0 1 2 3 4 5 6 7 8 9 10

Ako si sve upisao/upisala, zatvori oči nakratko i oseti kakav osećaj o majci u tebi nastaje kada se setiš detinjstva. Da li ti se taj osećaj javlja i danas? Recimo prema tvojoj šefici, ženi, drugim ženskim osobama?

Osvešćivanje: pronađi svoja principijelna uverenja

Pošto si se misaono i emocionalno preneo/prenela u detinjstvo, sada hoćemo da napravimo tvoje dete senke.

Molim te da za ovu vežbu uzmeš jedan od šablona deteta senke koji se nalaze u dodatku.

1. Napiši imena svojih roditelja/osoba koje su brinule o tebi desno i levo pored detetove glave, onako kao što vidiš na slici.
   Mihael je uradio vežbu s detetom senke – sliku imamo na unutrašnjoj strani prednje korice. Na toj slici možeš da se orijentišeš kako da šablon ispuniš svojim ličnim sadržajima.

U prethodnoj vežbi razmislio si o svojim roditeljima i verovatno pronašao njihove pozitivne i negativne osobine. Kod deteta senke hoćemo da se usredsredimo na negativne osobine – pozitivne ostavljamo za sunčano dete. Molim te da kratko napišeš negativne osobine ovih osoba. Ne moraš obavezno da zapišeš osobine do kojih si došao u prethodnoj vežbi. Prosto uzmi one osobine koje su ti važne.

2. Ako si sve zapisao/zapisala, molim te razmisli da li si u svojoj porodici imao/imala neki zadatak/misiju. Takvi zadaci ponekad se eksplicitno izgovaraju, ali nekad ostaju i neizgovoreni. Deca često doživljavaju majku kao tužnu i napetu, pa onda, recimo, osećaju zadatak „da mamu učinim srećnom". Druga, čiji se roditelji često svađaju, osećaju zadatak „da mamu i tatu zadržim zajedno!". Neka deca dobijaju i sasvim eksplicitne zadatke: „Da paziš na svog malog brata."

Postoji li neki zadatak ili više zadataka koje si u porodici imao/imala? Ako postoji, molim te da ga/ih zapišeš, za majku, za oca ili za oboje.

3. Onda nacrtaj još i liniju koja povezuje mamu i tatu i iznad te linije zapiši kakav je bio njihov uzajamni odnos.

Kako je izgledao odnos tvojih roditelja/osoba koje su brinule o tebi?

4. Sada pogledaj šta si zapisao i pusti da to deluje na tebe. Probaj da osetiš kakav je to osećaj u celini, tako što ćeš pažnju usmeriti na prostor svojih grudi i stomaka – sedište osećanja. Sada tražimo tvoja duboka unutrašnja principijelna uverenja. Do kakvih unutrašnjih uverenja si došao zato što su mama i tata bili takvi kakvi su bili? Oseti to duboko u sebi.

VAŽNO

Principijelna uverenja uvek daju određene formulacije kao što su: „Moram da…“, „Ja sam…“, „Ne smem…“ Ako kažem: „Tužan sam“, to nije principijelno uverenje. To je osećanje iza koga se može, recimo, kriti principijelno uverenje: „Ja sam bezvredan“. Osećanja kao što su bes, strah, tuga itd. ne izražavaju nikakva principijelna uverenja, već su po pravilu reakcija na principijelna uverenja. Principijelna uverenja ne izražavaju ni namere, kao što je, recimo; „Hoću da budem savršena!“ To je namera, koja je mogla da proizađe iz principijelnog uverenja: „Moram da budem savršena.“

Da bih ti pomogla u potrazi, sastavila sam za tebe jedan spisak principijelnih uverenja.

NEGATIVNA PRINCIPIJELNA UVERENJA

koja se neposredno tiču osećaja sopstvene vrednosti:

Nisam dovoljan!
Nisam okej!
Ništa ne vredim!
Loš sam!
Ružan sam!
Debeo sam!
Glup sam!
Nisam ni za šta!
Ja sam gubitnik!
Itd.

Nađi najmanje jedno principijelno uverenje koje se neposredno tiče tvog osećaja sopstvene vrednosti i unesi ga u prostor grudi svog šablona deteta senke.

NEGATIVNA PRINCIPIJELNA UVERENJA

o odnosu s roditeljima:

Na teretu sam!
Nisam važan!
Odgovoran sam za tvoje raspoloženje!
Moram da vodim računa o tvojim osećanjima!
Nepoželjan sam!
Ne voliš me!
Mrziš me!
Ne mogu da imam poverenja!
Sam sam!
Nisam dobrodošao!
Nemoćan sam!
Ne treba da me bude!
Podređen sam!
U drugom sam planu!
Moje želje nikog ne zanimaju!
Niko me ne razume!
Jači sam od tebe!
Ja sam kriv!
Ostajem prikraćen!
itd.

Nađi najmanje jedno principijelno uverenje koje ti nešto govori o tvom odnosu sa osobama koje su o tebi brinule i takođe ga upiši.

NEGATIVNA PRINCIPIJELNA UVERENJA

koja predstavljaju rešenje za problem s roditeljima:

Moram da budem mio i dobar!
Moram da ispunjavam sva očekivanja!
Ne smem da imam sopstvenu volju!
Moram da slušam!
Ne smem da se gubim!
Moram da budem savršen!
Moram da postižem dobre rezultate!
Moram da budem najbolji!
Sve moram da radim sam!
Ne smem da te razočaram!
Ne smem da pogrešim!
Moram uvek da budem uz tebe!
Ne smem ništa da osećam!
Moram da budem jak!
Itd.

Molim te, pronađi bar jedno principijelno uverenje koje predstavlja rešenje za problem s osobom koja je brinula o tebi i zapiši ga.

NEGATIVNA PRINCIPIJELNA UVERENJA

o svetu uopšte

Žene su pokvarene!
Muškarci su zli!
Poverenje je dobro, kontrola je bolja!
U životu ti niko ništa ne poklanja!
Život je protiv mene!
Priča ničemu ne vodi!
Stvari će ionako krenuti naopako!
Svet je loš
Itd.

Molim te, zapiši još jedno principijelno uverenje, o životu uopšte, u prostor grudi šablona deteta senke.

Razmaženo dete senke

Negativna principijelna uverenja, međutim, ne nastaju samo lišavanjem, zanemarivanjem ili preteranom zaštićenošću. Roditelji koji svojoj deci previše dopuštaju i razmaze ih mogu da ih ostave u uverenju da sve mora da se odvija po njihovoj volji i da ona za to ne moraju da ulože skoro nikakav napor. Tako, dakle, mogu da se razviju principijelna uverenja koja ne izražavaju potcenjivanje sopstvene vrednosti, već pre svojevrsno precenjivanje. Moguće je, dakle, da problemi ne potiču iz gore nabrojanih principijelnih uverenja, već pre iz nekog od sledećih:

Ja sam najveći!
Sve mora da ide po mojoj volji.
Uvek sam dobrodošao!
Sve mi pristaje!
Jači sam/bolji od svih ostalih!
Itd.

Ako su te roditelji previše razmazili, možda ti teško pada da se prilagodiš zajednici. Ako ti nešto ne uspe odmah, brzo doživljavaš osećaj osujećenosti jer nisi naučio da se boriš. I odbijanje na ljubavnom planu može da te baci u najdublje očajanje, naprosto zato što nisi navikao da nekad i ne dobiješ nešto što obavezno hoćeš da imaš. Ovo utiskivanje, međutim, može da se menja podjednako dobro kao i svako drugo. To znači da vežbe koje slede važe i za tebe.

Pronađi svoje glavno principijelno uverenje

Moguće je da je u tvom šablonu deteta senke upisano mnogo negativnih principijelnih uverenja. Ona često predstavljaju varijacije neke osnovne teme. Tako se, recimo, principijelna uverenja: „Nemoćan sam“, „Ne smem da se branim“, „Moram da budem mio i dobar“ i „Moram da slušam“ u velikoj meri preklapaju. Zbog toga hoćemo da ustanovimo koja su tvoja takozvana *glavna principijelna uverenja.* Glavno principijelno uverenje je takoreći epicentar tvojih principijelnih uverenja – najgore od svih, ono koje te najviše vuče nadole.

Sada te molim da još jednom pročitaš svoja principijelna uverenja i da među njima odabereš jedno – ili najviše tri ključna principijelna uverenja. Dok ih čitaš, prati svoj osećaj koja rečenica/rečenice izazivaju najjače negativno dejstvo u tebi, i molim te da ih podvučeš u svom šablonu deteta senke.

Osećanje: oseti svoje dete senke

Prilikom pronalaženja tvojih glavnih principijelnih uverenja verovatno je već bilo nekih neprijatnih osećanja. To su osećanja koja poznaješ i koja te celoga života prate. Principijelna uverenja po sebi ne bi, međutim, mogla da učine mnogo ako ne bi bila praćena teškim osećanjima. Ako mislim: „Nisam dovoljan", ta misao ima snagu tek ukoliko je prati osećaj niže vrednosti i podređenosti. Takođe mogu da se jave i osećaj straha, stida, tuge ili bespomoćnosti. Važno je da prepoznamo osećanja koja pripadaju našem detetu senke da bismo ubuduće sebe brzo mogli *da uhvatimo na delu* ako se nađemo u modu deteta senke. Ovo svesno hvatanje na delu je, naime, preduslov da to brzo i efikasno *promenimo u njegovu suprotnost.*

Ako prilikom pronalaženja svojih ključnih principijelnih uverenja nisi imao naročito jasna osećanja, sada bih te zamolila da još jednom iznutra izgovoriš svoja glavna principijelna uverenja i da veoma svesno paziš koja osećanja pritom u tebi nastaju. Dakle, molim te da zatvoriš oči i paziš na svoj dah. Da li je dubok? Da li negde zapinje? Dopusti sebi da udahneš duboko, do stomaka. Pažnju zadrži na prostoru grudi i stomaka, sedištu osećanja. Govori sebi iznutra svoja ključna principijelna uverenja i osećaj kakav odjek u tebi izazivaju. Osećanja se telesno izražavaju kroz pritisak, golicanje, knedlu u grlu, lupanje srca itd. Pazi na *telesni nivo osećaja* svojih osećanja. Ako, na primer, imaš osećaj pritiska, upitaj se koji naziv osećanja tome odgovara – na primer: strah. Ako ne možeš da nađeš ime tog osećanja, ostavi ga u telesnoj ravni.

Naš repertoar negativnih osećanja obuhvata: stid, strah, nervozu, paniku, tugu, očajanje, rezignaciju, povređenost, bes, razdraženost, mržnju, gađenje, ljubomoru i zavist. Naročitu ulogu igraju strah od gubitka i strah da ćemo zakazati. Oni su često i uzrok drugih osećanja. Ako sam, recimo, izgubila neku važnu osobu (gubitak), tužna sam. Ako se osećam lično uvređenom (osećaj da sam zakazala), mogu da postanem besna ili tužna. Ako sam napravila neku grešku (zakazivanje), stidim se. Ako mislim da mi je prijateljica lepša od mene (osećam da sam zakazala), mogu da osetim zavist itd.

Ako ti teško pada da u ovoj vežbi nešto osetiš, možda će ti pomoći ako misliš na svoj problem/probleme koje si zapisao na početku ove knjige. Koja osećanja ti problemi u tebi izazivaju? Dete senke, naime, učestvuje u njima.

Ako trenutno ne možeš da osetiš ama baš ništa jer si blokiran, ili nisi baš našao put do negativnog stanja, prosto se seti kakva negativna osećanja se kod tebe stalno javljaju.

Molim te da svoja osećanja zapišeš crvenom bojicom, u prostoru stomaka svog šablona deteta senke. Crvena boja ukazuje koliko su ta osećanja važna i koliko upravljaju tvojim postupcima.

Uzgred budi rečeno, na ovim negativnim osećanjima ne moraš da se zadržavaš dugo. Čim ih prepoznaš, molim te da sasvim svesno izađeš iz njih.

Nekoliko trikova za oslobađanje od negativnih osećanja

Onaj ko hoće da nađe način da izađe iz negativnih osećanja mora iznutra sebi da odvrati pažnju. Naš mozak nije dobar u multitaskingu. Ako ti, dakle, pođe za rukom da svoju pažnju skreneš na nešto sasvim drugo, tvoja negativna osećanja će nestati. Tu mogu da ti pomognu sledeće tehnike:

- Lupaj se šakama po celom telu i pritom glasno diši – možeš da napraviš i priličnu buku. Počni od stopala, a zatim idi preko nogu do stomaka. Ne zaboravi ni zadnjicu. Na kraju dolazi glava. Posle toga još malo poskakuj.
- Usredsredi se na spoljnu okolinu. Pregledaj prostor u kom se nalaziš – traži pogledom i probaj da otkriješ nešto novo.
- Pronađi po jednu zemlju koja počinje svakim od slova azbuke.
- Pozabavi se nečim što zahteva tvoju pažnju.

Postoji još jedan metod da se izađe iz ravni osećanja: usredsredi se isključivo na telesni izraz svojih osećanja, na primer „golicanje" ili „pritisak", i pogasi sve slike u glavi koje pripadaju tom osećanju. Zacrni ih. Proteraj ih. Drži se toga da se ograničiš isključivo na telesni izraz osećanja. Videćeš da će osećanje brzo nestati.

Često je dovoljno već i samo ako vrlo čvrsto naumiš da izađeš iz osećanja koje te opterećuje, tako što glasno kažeš: „Stoj!" i ne upuštaš se više u njega.

Ponašanje: dete senke i njegove zaštitne strategije

Negativna osećanja koja principijelna uverenja izazivaju ne osećamo rado. Ona nas vuku dole, a mi hoćemo da izbegnemo da drugi primete koliko se osećamo nedovoljno i manje vredno. Mi u to stvarno verujemo – principijelna uverenja imaju ogromnu moć nad nama. Neverovatno mnogo smo motivisani da se od negativnih posledica svojih principijelnih uverenja zaštitimo. Ako, naime, mislimo: „Nisam dovoljan", možemo nastojati da taj deficit kompenzujemo tako što ćemo se neverovatno naprezati i težiti savršenstvu. Težnja za savršenstvom veoma je rasprostranjena zaštitna strategija. Druge zaštitne strategije su, između ostalog: težnja za harmonijom, bekstvo i povlačenje, igranje uloga i laganje. Sve one imaju (nesvesni) cilj da naše dete u senci zaštite od novih povreda, to jest od njegovih strahova da će zakazati i pretrpeti gubitak.

Zaštitne strategije sortirala sam sledećim redom:

1. *Opšte strategije*, koje koristi svaki čovek.
2. Strategije koje, doduše, svi poznajemo, ali naročito ih rado koriste ljudi čije se dete senke pretežno štiti *prilagođavanjem*.
3. Strategije koje svi poznaju, ali koje naročito rado koriste ljudi čije se dete senke štiti razgraničavanjem. Pošto nasuprot *prilagođenom* detetu senke imamo *autonomno* ili razgraničeno dete senke, što zvuči pomalo glupo, iz jezičkih i estetskih razloga sam odlučila da govorim o *buntovnom* detetu senke, što takođe dobro opisuje situaciju.

Zaštitne strategije prilagođenog deteta senke

Ljudi čije je dete senke (nesvesno) prešlo više na stranu prilagođavanja pokušavaju da, ako je ikako moguće, urade sve kako treba i da ispune sva očekivanja koja im se postavljaju. Njihove zaštitne strategije u celini se svode na to da sebi obezbede blizinu drugih ljudi. Njihovo dete senke mnogo se boji samoće i često se ne usuđuje da sigurno stoji na sopstvenim nogama. Oni sigurnost traže u vezivanju.

Zaštitne strategije buntovnog deteta senke

Ljudi čije je dete senke (nesvesno) više na strani autonomije i pobune, svoje strahove predupređuju aktivno, tako što se razgraničavaju. Oni to čine napadom, svađom ili odbijanjem. Uopšte uzevši, pokazuju strategije zaštite za koje bi se pre moglo reći da uspostavljaju odstojanje prema drugim ljudima. Njihovo dete senke teško stiče poverenje – pa je zato za njih najsigurnija opcija da se oslone samo na sebe. Njihovo dete senke sigurnost traži u autonomiji i kontroli.

VAŽNO

Naše strategije zaštite predstavljaju pokušaj da se što bolje prilagodimo životu i uslovima „tamo napolju". Mnoge strategije zaštite razvili smo već kao deca da bismo izašli na kraj sa svojim roditeljima. Kao deca smo, dakle, *preuzeli odgovornost za odnos sa svojim roditeljima*. Tada su naše strategije zaštite imale smisla i bile su ispravne. Danas smo, međutim, odrasli ljudi i mogli bismo da imamo mnogo bolje mogućnosti za komunikaciju i uobličavanje međusobnih odnosa. Danas neke od naših strategija zaštite nisu više primerene. One nam pričinjavaju više problema nego što ih rešavaju. Većina zaštitnih strategija, međutim, i u našem životu odraslog ipak nečemu služi. Svakako da ima smisla povući se ako čovek oseća da mu se postavljaju preterani zahtevi. Okej je ako neprijatne činjenice ponekad potiskujemo, ukoliko ne možemo da ih promenimo. Takođe ispravno, već u zavisnosti od situacije, može da bude i ako se malo držimo po strani i ako svoje mišljenje izražavamo suzdržano kako bismo izbegli neki ružan sukob. Kao što je to u životu inače često slučaj, i ovde sve zavisi od *prave mere* u kojoj svoje zaštitne strategije primenjujemo. Ali ako nas naše zaštitne strategije više koštaju nego što nam koriste, trebalo bi nešto da promenimo.

Kako možeš da promeniš svoje disfunkcionalne zaštitne strategije opširnije ću objasniti kasnije. Najpre, međutim, hoćemo da ustanovimo koje zaštitne strategije često koristiš.

U narednim pasusima naći ćeš najvažnije zaštitne strategije. Iza svakog opisa naći ćeš malu vežbu za razmišljanje o sebi. Sigurna sam da su ti neke od ovih zaštitnih strategija veoma dobro poznate, dok druge poznaješ samo slabo ili nikako. Možda i ti imaš neku zaštitnu strategiju koju nisam spomenula – zaštitnih strategija ima veoma mnogo, a ja sam se ograničila na one najčešće. Vežbe uradi najbolje što možeš – neke možeš i da izostaviš ako si uveren da strategija o kojoj je reč nema nikakve veze s tobom.

Kao i kada je reč o principijelnim uverenjima, za vežbe koje slede potrebno ti je malo hrabrosti da budeš iskren prema samome sebi. Sve radi svojim sopstvenim tempom. Možeš, recimo, da isplaniraš i tako da svaki dan obradiš po jednu zaštitnu strategiju.

Opšte zaštitne strategije

Sledeće zaštitne strategije važe kako za prilagođeno tako i za buntovno dete senke, a naravno i za ono koje ima dobru ravnotežu između ova dva pola ili ono koje naglo oscilira između njih.

Potiskivanje, ulepšavanje i sanjarenje

Potiskivanje je vredan mehanizam zaštite bez koga ne bismo mogli da funkcionišemo. Ako bismo stalno bili svesni svih strašnih stvari na ovom svetu, uključujući i svoju sopstvenu smrtnost, preplavila bi nas tako jaka osećanja straha i nemoći da bismo jedva bili sposobni nešto da radimo. U osnovi, potiskivanje stvarnosti je „majka svih zaštitnih strategija" jer su sve zaštitne strategije u službi potiskivanja. Time što se, recimo, štitimo težnjom ka savršenstvu, mi potiskujemo svoja osećanja niže vrednosti i strah da ćemo zakazati. Time što težimo harmoniji i izbegavamo sukobe, potiskujemo svoj strah od gubitka itd. Rado potiskujemo i na taj način što prosto ulepšavamo stvari i sanjarimo da će se jednom sve već nekako srediti. Ulepšavamo, recimo, svoju nesrećnu vezu i nadamo se da će se partner jednom promeniti.

Molim te da zamisliš tri konkretne situacije u kojima imaš problem s drugim ljudima ili sa sobom i svojim ponašanjem. Za svaku od tih situacija se upitaj: potiskujem li ja ovde nešto? Da li ulepšavam stvari? Ili sanjarim o nekom rešenju koje nije verovatno?

___

___

___

1. Jedem previše slatkiša i potiskujem to da se gojim.
2. Neću da opazim i shvatim da zavidim najboljoj prijateljici.
3. Sanjarim da će se Mihael promeniti.

PRVA POMOĆ

Razjasni sebi da ti to što sebi priznaješ neka nezgodna stanja, doduše, kratkoročno pričinjava bol, ali da svoj problem možeš da rešiš samo ako ga priznaš. Srednjoročno i dugoročno gledano, život će ti postati lepši ako svoje probleme rešavaš umesto da od njih bežiš.

Prenošenje odgovornosti i razmišljanje iz pozicije žrtve

U svom životu rado izbegavamo odgovornost. A često to čak ne radimo ni svesno. Ubeđeni smo, recimo, da su partner, šefica, vremenske prilike ili roditelji odgovorni za naše nezadovoljstvo. Od sebe pravimo žrtvu okolnosti. Kukamo i žalimo se, ali ništa ne menjamo. Iza toga se često krije strah da ćemo zakazati i napraviti grešku ako bismo svoj život sami oblikovali i preuzeli odgovornost za to. Tako, recimo, istrajavamo na poslu koji nas ne čini srećnim i nadamo se da će se šef promeniti, ili sanjamo o dobitku na lutriji. Često sigurnost ego-stanja neizvesnosti pretpostavljamo neizvesnostima stanja koje bismo želeli. Ako bismo nešto hteli da promenimo, morali bismo nešto i da rizikujemo i da prevaziđemo svoj strah da ćemo zakazati, ili svoju lenjost.

Da li ti je ovo poznato? Molim te, razmisli o tome u kojim životnim domenima se nadaš da će se neko drugi promeniti ili da će se desiti nešto pa će ti biti bolje. Zapiši tri takve oblasti.

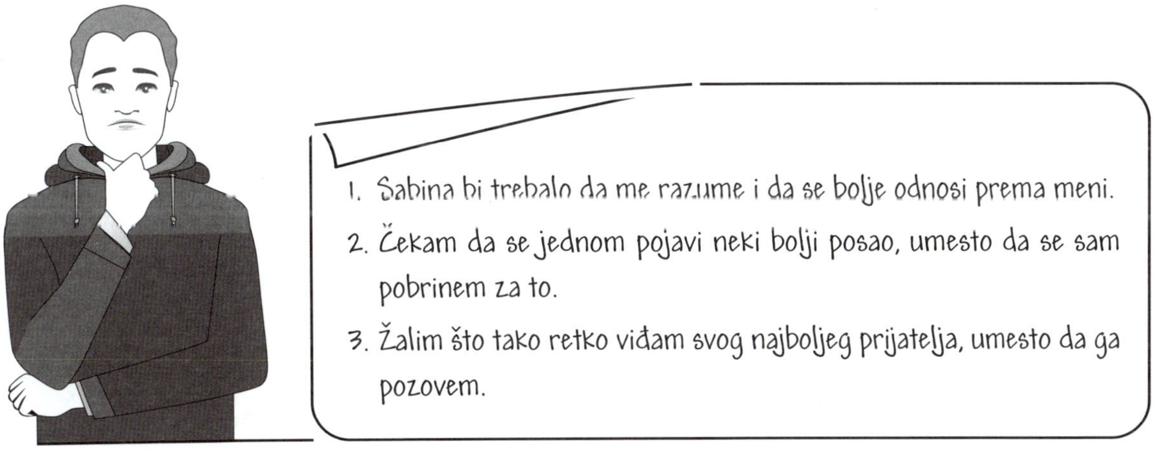

Molim te zapiši najmanje jedno principijelno uverenje koje odgovara ovoj zaštitnoj strategiji.

PRVA POMOĆ

Svakog jutra stani uspravno i glasno reci: „Ja sam sto posto odgovoran za svoj život i svoja osećanja. Danas uzimam svoju sreću u svoje ruke!“

Beg, povlačenje i izbegavanje

Ako računamo da nemamo nikakvih izgleda da pobedimo, radije se povlačimo, bežimo ili izbegavamo sukob. To je prirodan i vrlo zdrav mehanizam zaštite. Već u zavisnosti od toga kako smo izračunali svoje izglede za uspeh, mi ćemo intervenisati – ili ćemo se pritajiti i izbeći akciju. Ljudi koji ovu samozaštitu pretežno koriste iz motiva deteta u senci, svoj život žive iz odbrambene pozicije. Oni su oko sebe izgradili zaštitnu ogradu, kroz koju niko ne može brzo da prođe. Kako bi se zaštitili od povreda i sukoba, mnogi beže i u aktivnosti. Veoma popularan cilj bega je, recimo, posao. Ljudi se bacaju na posao kako bi sebi skrenuli pažnju s ličnih problema. Tu se rado poseže i za hobijima ili za internetom. Pritom se izbegava suočavanje sa svojim strahovima, kao i sukobi s drugim ljudima, za koje se bojimo da bi nas mogli odbiti ili odbaciti. Problem leži u tome što bežanje i izbegavanje pre jačaju nego što smanjuju neraspoloženje i osećaj straha. Ako važne zadatke stalno odlažem i guram od sebe, oni će se sve više nagomilavati, a moj osećaj nezadovoljstva će rasti. Ako izbegavam svako suočavanje, sukobi se nerešeni guraju pod tepih. Ako često izbegavam društvene situacije koje me plaše, ne stičem lekovito iskustvo da tim situacijama mogu da ovladam.

Koje su tvoje tipične strategije izbegavanja? Molim te zapiši tri.

1. ______________________________

2. ______________________________

3. ______________________________

Od kojih neprijatnih osećanja ovo izbegavanje treba da te zaštiti?

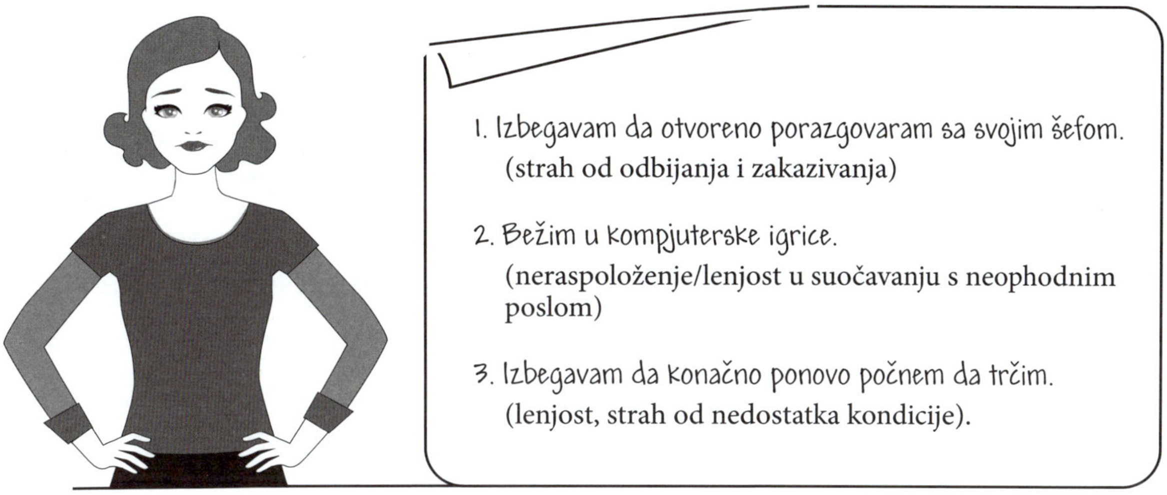

Zapiši tri osećanja

1. ______________________________

2. ______________________________

3. ______________________________

PRVA POMOĆ

Razjasni sebi da možeš da izbegavaš i odlažeš dvadeset četiri sata dnevno, sedam dana u nedelji, dok bi te rešavanje i obavljanje zadatka, ili savladavanje straha, koštalo mnogo manje vremena. Pokušaj da zamisliš kako ćeš se osećati večeras, iduće nedelje, ili kroz godinu dana, ako i dalje izbegavaš i odlažeš. A onda oseti u sebi kakav bi to osećaj bio ako bi se poduhvatio rešavanja zadatka i/ili svojih strahova, lenjosti, stida itd. Razmisli o malim koracima koji vode ka tvome cilju i započni s njima!

Maskiranje, igranje uloga i laganje

Hoćemo da pripadamo, pa se stoga prilagođavamo normama i društvenim ritualima. To je ispravno i ima smisla. Ne bismo ni mogli ni hteli da se u svakom trenutku ponašamo potpuno autentično i otvoreno. Ima, međutim, ljudi za koje bi se na neki način moglo reći da iz kuće ne izlaze bez kape nevidimke. Oni zaista igraju uloge i kriju se iza svojevrsne maske. Imaju loš kontakt sa svojim unutrašnjim osećanjima jer su od malih nogu vežbali da prosto funkcionišu. Sami sebe često opažaju kao „prazan omotač“ jer sebe slabo osećaju i često ne znaju šta hoće i šta zapravo jesu. Njihovo dete senke misli da mora da se krije, da ne sme da bude onakvo kakvo jeste.

Zbog toga mnogi od njih imaju nepotpun kontakt sa sopstvenim željama i potrebama. Dete senke je vešto u tome da ispunjava sva očekivanja svojih bližnjih i svoje uloge podešava prema njima. To je, naravno, naporno, pa zato oni koji su ovim pogođeni najbolje mogu da osećaju ako su sami.

I onaj ko laže krije se i odbija da preuzme odgovornost za sebe i svoje ponašanje. Svi se ponekad služimo malim, neophodnim lažima – između ostalog i zato da ne bismo povredili druge. Ali neki ljudi mnogo lažu i stalno su neiskreni. Oni svoje ciljeve postižu manipulacijom i trikovima. Njihovo dete senke veruje da je svet tamo napolju loš i da je svako sredstvo opravdano i dozvoljeno da bi sebi obezbedili prednost u borbi za opstanak.

Ima li situacija u kojima igraš neku ulogu i nisi mnogo autentičan? Postoji li neka tipična uloga koju igraš? Zapiši ovde oboje

1. Pred šefom se pravim kao da stalno gospodarim situacijom i da sam super kul.
2. Među prijateljima se uvek pravim da sam dobro raspoložen, a svoje brige zadržavam za sebe.

Koja je tvoja potreba za zaštitom, na primer strah od gubitka, koja se krije iza tvog ponašanja?

Ruku na srce, kakav je tvoj odnos prema istini? Precrtaj tačan odgovor.

1. Lažem (varam) da ne bih povredio druge.	*nikad*	*retko*	*često*	*stalno*
2. Lažem da bih sebi obezbedio koristi i prednosti.	*nikad*	*retko*	*često*	*stalno*
3. Lažem da bih se prikazao/la boljim nego što jesam.	*nikad*	*retko*	*često*	*stalno*

PRVA POMOĆ

Molim te da na kraju razmisliš šta je najgore što bi moglo da se desi ako bi jednostavno priznao svoje slabosti, svoje želje i potrebe. Uzmi situaciju koja te najmanje plaši i budi autentičan, utoliko što ćeš iskreno reći šta se u tebi zbiva i gde stojiš. Počni, recimo, s nekim dobrim prijateljem i svakog dana se poduhvati neke nezgodne situacije u odnosu sa samim sobom.

Tipične zaštitne strategije prilagođenog deteta senke

Ovde još jednom podsećam da svako od nas, u manjoj ili većoj meri, koristi sve zaštitne strategije. Neke od njih, međutim, tipično više vole ljudi koji svoje dete senke pre svega štite prilagođavanjem. Njihove zaštitne strategije svode se na to da uspostave povezanost i bliskost – a kao zamena mogu da posluže i potrošnja i bolesti zavisnosti.

Bespomoćnost i pokušaj da se ostane dete

Neki ljudi bi najradije celog života ostali deca i odbijaju – često i nesvesno – da preuzmu odgovornost za svoj život. Izuzetno teško im pada da donose sopstvene odluke i stalno im je potrebno da im roditelji, partner, prijatelji itd. „čuvaju leđa". Dete senke u njima boji se da stane na sopstvene noge. Ono veruje da sâmo ne može da uspe. Dete senke ovakvih ljudi pre svega oseća veliki strah da će pogrešiti. Svaka pogrešna odluka bila bi greška. A oni misle da je strašno loše ako nekad nešto pogreše. Njihova *tolerancija frustracije* je niska. Pritom, oni s velikom verovatnoćom računaju da će zakazati jer ne veruju u sopstvenu sposobnost. Dete senke u njima misli da drugi bolje znaju šta je ispravno, a šta pogrešno. I tako se vezuju za druge ljude, često i za svoga partnera u vezi, koji treba da ih usreći i da donosi odluke umesto njih. Iznutra gledano, nikada se stvarno nisu oslobodili svojih roditelja niti su odgovornost za svoj život uzeli u sopstvene ruke. U težim slučajevima, ovi ljudi dobijaju *napade straha i panike.* Iza toga se krije najdublje nesigurno dete senke, koje se bez čvrste ruke da ga vodi oseća izgubljenim u ovom svetu.

Koliko ti lako, odnosno teško pada da doneseš odluku. Zapiši odgovor na skali od 0–10.

0 1 2 3 4 5 6 7 8 9 10

Oseti u sebi: da li imaš osećaj da svoj život živiš samostalno i na sopstvenu odgovornost? Ili tvoje dete senke često poželi da neko drugi donosi važne odluke za tebe?

Molim te da ovde zapišeš svoje misli i osećanja.

Želela bih da me Mihael štiti i da me čini srećnom. Nekako čekam izbavljenje, ali šta to zapravo čekam? Pasivna sam i ne usuđujem se da svoju sreću uzmem u sopstvene ruke. Postala sam nastavnica jer su moji roditelji to hteli – da li je ipak trebalo da studiram pevanje, ili to možda tek sada treba da uradim?

Molim te da napišeš bar jedno principijelno uverenje koje se tiče ove zaštitne strategije.

PRVA POMOĆ

Cena slobode je mogućnost da se prave greške. Daj sebi jasno na znanje da bi najveća greška bila dalje istrajavanje u zavisnosti.

Težnja za savršenstvom i lepotom

Svi imamo veliku potrebu za priznanjem. Razlog leži u tome što smo životinje koje žive u krdu i što bez priključivanja zajednici ne možemo da postojimo. Priznanje je takoreći valuta kojom plaćamo svoje priključivanje grupi. Stoga se svi trudimo da izbegnemo greške i da ostavimo dobar utisak. Kao što sam gore već napisala, često su razmere te koje čine da strategija zaštite postane problem. Ako veoma mnogo svog delovanja usmeravamo na osnovu motiva da dobijemo što više priznanja, udaljavamo se od svojih pravih želja i potreba – a ponekad i od svojih moralnih vrednosti. Pored toga, ovom zaštitnom strategijom izlažemo se opasnosti da se preforsiramo. Uvek postoji neko bolji i lepši. Na dete senke spoljni uspesi u životu ionako ne mogu da ostave nikakav utisak. Ono ostaje tvrdoglavo u svom uverenju da ionako nije dovoljno (dobro, lepo itd.). Onaj ko se raduje ako je uspešan, pre je unutrašnji odrasli. Ta radost je, međutim, uglavnom kratkog veka i već mora da se osvaja naredni trofej. I tako čovek nekako nikada ne stiže na cilj, već samo do krajnje iscrpljenosti trči za svojim pretenzijama. Pritom bih na ovom mestu htela da konstatujem da naše dete senke, naravno, može da bude veliki podstrekač, koji nas u pozitivnom smislu podstiče da postignemo uspeh i dobre rezultate. Moramo, međutim, da pronađemo pravu ravnotežu između rezultata i opuštenosti, a naročito je važno sledeće: bolje je ako nešto postignete jer vas raduje što radite nešto smisaono, nego samo iz motiva da se za to izvuče priznanje.

Isto važi i za naš spoljni izgled. Važno je i ispravno da na njega pazimo i da istaknemo njegove dobre strane. Ima, međutim, ljudi koji se preko svake mere bave svojim spoljnim izgledom i figurom. Život im se vrti oko dijeta, fitnesa, mode i lepote. Iza toga se krije strah deteta senke da neće zadovoljiti i da će biti odbijeno. Slično kao i kod težnje za savršenošću, ova zaštitna strategija, međutim, košta mnogo energije i ne može da isceli dete senke. Ona može da postane i pravi teret kada osoba koja je njome pogođena počne da stari, a njena spoljna lepota postepeno da vene.

Koliko je velika tvoja želja za priznanjem, na skali od 0–10?

0 1 2 3 4 5 6 7 8 9 10

Šta radiš da bi stekao priznanje? Nabroj bar tri stvari.

____

____

____

Molim te, pronađi bar jedno principijelno uverenje koje odgovara tvojoj zaštitnoj strategiji.

____

____

____

PRVA POMOĆ

Razjasni sebi da se boriš protiv svoga deteta senke, koje se ovom strategijom ne može ubediti. Prosto na trenutak zamisli da ono do čega ti je stalo radiš „samo" dobro, umesto savršeno. I postavi razumna merila za poređenje. Nemoj, recimo, da gledaš u modne časopise i da svoju figuru porediš sa slikama u njima, već se radije osvrni oko sebe i pogledaj realnu situaciju na ulici.

Težnja za harmonijom i idealizovanje

Težnja za harmonijom i prilagođavanje kao zaštitna strategija nije daleko od težnje za savršenstvom. I tu se radi o tome da želimo da dobijemo priznanje svojih bližnjih, ili obrnuto rečeno, da nigde ne štrčimo i ne dolazimo u sukob. Ljudi koji primenjuju ovu zaštitnu strategiju stalno isturaju svoje antene da bi osetili šta drugi očekuju od njih. Veoma su uvežbani da osete sva očekivanja jer njihovo dete senke živi u hroničnom strahu od odbijanja. Da bi mogli lakše da se prilagode, svoje potrebe potiskuju u drugi plan. Sopstvena volja mogla bi, naime, da stane na put prilagođavanju. Ovo potiskivanje potreba uglavnom se uvežbava još od malih nogu. Takvi ljudi često kažu: „Zapravo, ni sâm uopšte ne znam šta hoću!" Ili kažu *da*, mada u sebi misle *ne*. Često ne mogu da imaju dobar osećaj ni kada kažu *da*, ni kada kažu *ne*. Naime, kada kažu *da*, brzo počnu da osećaju da je to tuđa odluka jer onaj ko to hoće zapravo nisu oni sami, a ako kažu *ne*, imaju osećaj krivice.

Da bi izbegli rasprave i sukobe, ljudi vešti u harmonizovanju ne samo što izbegavaju sopstvene potrebe i bilo kakav osećaj besa već potencijalne sukobe rado potiskuju i iz svoje svesti. Ljudi vešti u uspostavljanju harmonije često kroz ovaj svet idu pomalo *naivni* i skloni su da svoje bližnje *idealizuju.* To idealizovanje štiti ih u blizini osoba koje su im previše važne.

Da li ti je ovo poznato? Razmisli o tri situacije u kojima si radio nešto što zapravo nisi hteo – samo s motivom da ne razočaraš druge.

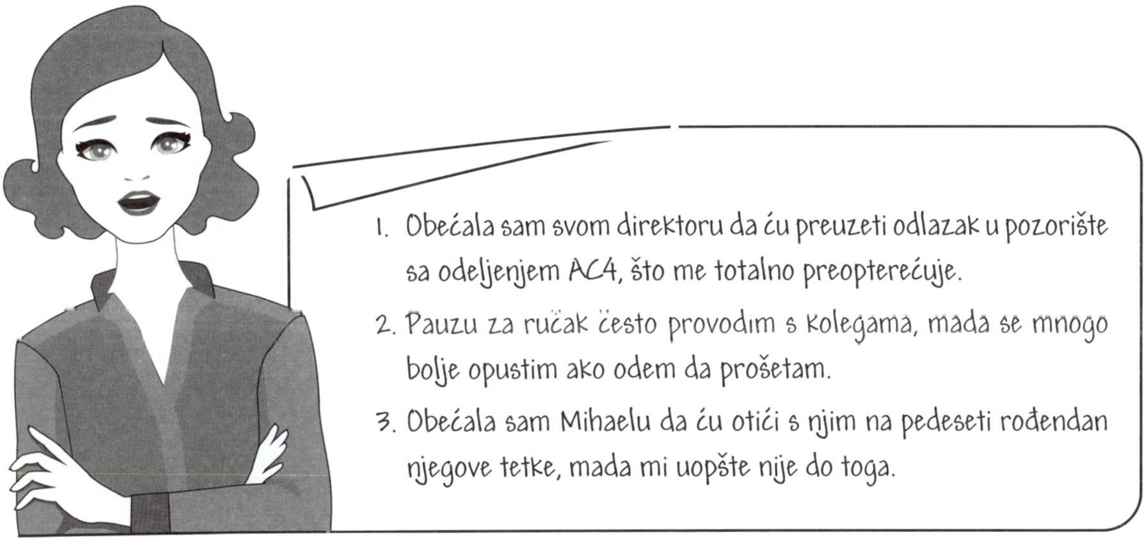

Da li je moguće da i ti rado zatvaraš oči pred istinom ako se radi o ljudima koji su ti važni? Zapiši ovde svoje misli o tome

Molim te da pronađeš bar jedno principijelno uverenje koje odgovara tvojim zaštitnim strategijama.

____

____

____

____

PRVA POMOĆ

Svojom opsednutošću harmonijom, dugoročno gledano, možeš svoje veze i odnose da opteretiš više nego kada bi govorio otvoreno. Budi načisto sa sobom da bi bilo poštenije ako bi sagovornik ili partner bolje znao na čemu je. Tvojim bližnjima je veoma naporno ako stalno moraju da razbijaju glavu kako bi ustanovili šta hoćeš. Usudi se da preuzmeš odgovornost za svoje želje.

Jadikovanje i kačenje

Prilagođeno dete senke živi, kao što smo već rekli, u podsvesnoj brizi da će biti ostavljeno i ostati samo. Ono veoma budno reaguje na eventualno distanciranje svojih bližnjih, pa naravno i svog ljubavnog partnera. Pre svega u ljubavnim odnosima, njegov strah od gubitka veoma je veliki. Potrebno mu je mnogo priznanja i naklonosti. Prilagođenom detetu senke potrebno je veoma mnogo podrške jer ima premalo poverenja u sopstvene sposobnosti. Svojom potrebitošću može da učini da se partner oseća preopterećeno i skučeno.

Pritom se često događa i da ljudi sa zavisnim modelom veza traže partnera koji je više na nezavisnoj strani. Takvog partnera smatraju uzbudljivim, a njihovo dete senke hoće baš sa tim nezavisnim čovekom da dokaže da ipak nešto vredi. Dete senke onog nezavisnog, koji u prvom redu teži autonomiji, počinje, međutim, naročito brzo da oseća da ga očekivanja takvog partnera pritiskaju i kreće da beži. Bilo tako što će okončati vezu ili tako što nakon trenutaka bliskosti uvek ponovo uspostavlja distancu, što zavisno dete senke čini izuzetno nesigurnim i pojačava njegovo kačenje za partnera i njegov „stisak“. U skladu s tim, partner se udaljava još za korak. Tako nastaju začarani krugovi manevara bliskosti i udaljavanja. Kao što sam već na početku opisala, to ko stoji na zavisnoj, a ko pre na nezavisnoj strani može da se menja od veze do veze, a strane mogu da se promene i u jednoj te istoj vezi. To zavisi od konkretne dinamike veze to jest odnosa.

Imaš li, ili si imao, odnose koji su u tebi izazivali impuls da se kačiš i pritiskaš? Koji su načini ponašanja tvog partnera, prijatelja, članova porodice kod tebe izazivali impuls „kačenja“?

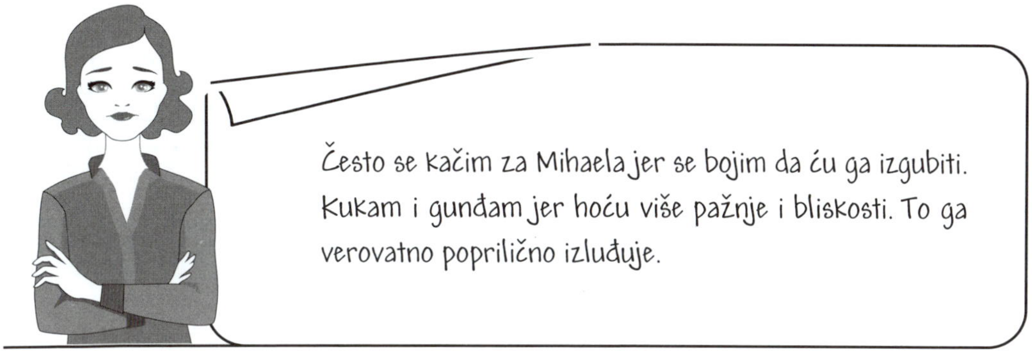

Koje principijelno uverenje ide uz takvo ponašanje?

PRVA POMOĆ

Pokušavaš da svoje povređeno dete senke izlečiš preko druge osobe. On/ona treba da potvrdi tvoju vrednost. Time upadaš u zamku jer njegovo/njeno ponašanje nije pod tvojom kontrolom. Stoga ne pokušavaj više da sopstvenu vrednost prepoznaješ u svom partneru kao u ogledalu (ovde govorim i o „osećaju sopstvene vrednosti iz ogledala“, vidi str. 69). Uz pomoć svog odraslog *ja* osvesti da tvoju vrednost ne određuje ponašanje nekog drugog čoveka. Ponovo preuzmi odgovornost za sebe i radi stvari koje te unapređuju i koje te raduju (hobiji, nastavak obrazovanja, viđenje s prijateljima itd.). Time ćeš postati nezavisniji i ponovo privlačniji svom partneru.

Kupovina, potrošnja i bolesti zavisnosti

Ove zaštitne strategije veoma su povezane s našim osećajem sreće i s našim metabolizmom dopamina. Ljudski mozak voli dopamin jer nas on čini srećnim. Potrošnja – bilo da je povezana s nekom supstancom, u vidu jela, pića, droge, ili da je povezana s nekom aktivnošću, u vidu sporta, seksa, rada, kupovine itd. – može da navede mozak na lučenje znatnih količina dopamina. Ako ovaj način ponašanja postane zavisnost, imamo problem. Zavisnost u mozgu izaziva jaku uslovljenost, tako da za to nije odgovorno samo dete senke, već u bolest zavisnosti mogu da se pretvore i jednostavne navike. Pored toga, zavisnost ima i genetsku komponentu. Postoje, recimo, ljudi čiji mozak brzo metaboliše nikotin, i drugi čiji ga mozak metaboliše sporo. Ovi poslednji teško postaju zavisni od cigareta – bilo da uopšte ne puše ili da ostaju na tome da cigaretu pale samo povremeno.

Dete senke, međutim, često ima udela u zavisničkom ponašanju. Ono želi da priguši svoj strah od zakazivanja, gubitka i usamljenosti ili, što je takođe čest motiv zavisnosti: da ubije dosadu. Upravo po završetku radne nedelje, kada je akumulator već prilično prazan, često smo previše iscrpljeni da bismo se bavili nekim hobijem i prisutna je opasnost da se dosade oslobađamo recimo pomoću jela i pića, i da tako sebi dajemo lep „dopaminski podsticaj na kraju radne nedelje“.

Koje zavisnosti kod sebe prepoznaješ?

Koji cilj ispunjava tvoja zavisnost? (izjednačavanje s prijateljima, ubijanje dosade, ublažavanje straha itd.).

____

____

____

____

Molim te da pronađeš bar jedno principijelno uverenje koje odgovara ovoj zaštitnoj strategiji.

____

____

____

____

PRVA POMOĆ

Pokušaj da napraviš skicu stanja suprotnog onom osećanju života koje pripada tvojoj zavisnosti. Ako, recimo, patiš od zavisnosti od rada, zamisli recimo kako provodiš vreme s prijateljima ili s porodicom i zaroni u pozitivna osećanja. Zamisli kako bi ti bilo ako bi imao više vremena. Ako svake večeri progutaš kesicu čipsa, zamisli kako bi se tvoje telo osećalo ako bi umesto toga pola sata prošetao. Stvori, dakle, sebi neku pozitivnu sliku kao cilj i kao suprotnost svom zavisnom osećanju života i *oseti* dobra osećanja koja se pritom javljaju.

Tipične zaštitne strategije buntovnog deteta senke

Autonomnom ili buntovnom detetu senke teško je da veruje drugim ljudima. Njegove najsigurnije opcije su samostalnost, samoodržanje i kontrola. Njegove zaštitne strategije deluju tako da uvek drži izvesno bezbednosno odstojanje prema drugim ljudima. Za razliku od prilagođenog deteta senke, koje traži bliskost, buntovno dete senke, dakle, pre traži distancu.

Još jednom bih želela da naglasim da svaki čovek u sebi nosi i autonomne i prilagođene sposobnosti i da utoliko raspolaže i prilagođenim i autonomnim strategijama zaštite. Moguće je, takođe, i da čovek u jednoj vezi bude više na prilagođenoj strani, a u drugoj na autonomnoj strani.

Najbolje je ako pronađete dobru ravnotežu između prilagođavanja i samoodržanja.

Težnja moći i kontroli

Svima nam je potrebna izvesna mera moći i kontrole – jer bismo u suprotnom bili u potpunosti prepušteni na milost i nemilost ljudima i okolnostima. Kontrola je odgovor na strah. Nikad se ne umorim od naglašavanja da sve, kao i uvek, zavisi od mere u kojoj ćemo praktikovati neki vid samozaštite. Ima, recimo, ljudi čije dete senke pokazuje veoma visok motiv težnje za moći i potrebno mu je izuzetno mnogo kontrole. Njihovo dete senke mnogo se plaši da će dospeti u podređeni, nemoćan položaj, kao što je to svojevremeno bilo slučaj kod mame i tate. Ono druge ljude često opaža kao moćne i zbog toga ih odbija. Obavezno hoće da zadrži nadmoćni položaj. Ljudi s visokim motivom moći nerado ulaze u kompromise. Svoja uverenja izlažu prilično šturo: tu ne pomaže nikakvo kukanje ni moljakanje. Popuštanje je kod njih povezano sa slabošću i podređenošću. Zbog toga s njima nije baš lako izaći na kraj.

Ovoj vrsti deteta senke, međutim, nije stalo samo do toga da ima moć i kontrolu nad drugim ljudima već i nad sobom samim. Zato se, recimo, takvi ljudi često veoma disciplinovano drže izvesnih rituala i rutina. Oni uvek hoće da vladaju svime – ako je ikako moguće, savršeno. Svojim poslom, fizičkim izgledom, domaćinstvom, decom itd. Sebe često opisuju kao kontrol frikove. Teško prenose odgovornost na druge jer im nedostaje poverenje u ljude koje je neophodno za to. Kontrola je suprotnost poverenju. U preteranom obliku, ova strategija zaštite može da se izrodi u *opsesivno-kompulzivni poremećaj*.

Na skali od 0–10 koliko visoko ocenjuješ svoju potrebu za kontrolom?

0 1 2 3 4 5 6 7 8 9 10

Razmisli o nekoj situaciji u kojoj imaš preteranu želju za kontrolom ili moći. Koji strahovi se kriju iza toga?

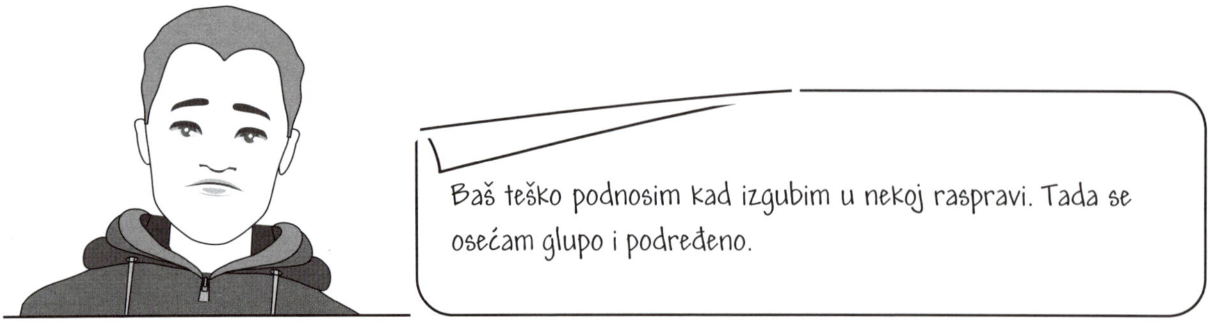

Pronađi bar jedno principijelno uverenje koje ide uz ovu zaštitnu strategiju.

PRVA POMOĆ

Molim te, osvesti svome detetu senke da onaj svet napolju nisu mama i tata. Sebi osvesti da si na ravnoj nozi s drugim ljudima. Molim te da do kraja promisliš šta bi u najgorem slučaju moglo da se desi ako popustiš sa kontrolom i više se opustiš. Upitaj se kako bi se tvoj život promenio ako bi imao više vremena za druge stvari. Preispitaj da li ti tvoja težnja za moći i kontrolom *stvarno koristi.*

Zidovi i odbijanje

Strategija samozaštite zidovi i odbijanje u velikoj meri je bliska težnji za moći i kontrolom. Mnogo je ljudi čije je dete u senci ostalo zaglavljeno u godinama prkosa. Oni se – nesvesno – stalno bore za svoju autonomiju i samoodržanje. Roditelji su im ostavili premalo slobodnog prostora za sprovođenje sopstvene volje. Dete senke ovih ljudi veoma brzo stiče osećaj da je tutorisano, kontrolisano ili pregaženo. I ljubazno-zainteresovana pitanja, kao što je: „Kako si proveo dan?“, oni mogu da protumače kao kontrolu. Protiv toga se brane *aktivnim* i/ili *pasivnim otporom.* Kod aktivnog otpora osoba insistira na svom pravu, bori se, napada. Nasuprot tome, pasivno-agresivna osoba svoje odbijanje pokazuje manjim ili većim činovima sabotaže. Na primer, nešto obeća, ali ne ostvari. Prosto se razvlači, ili „zaboravi“ da uradi stvari koje se od nje očekuju. Tipični manevri pasivnog otpora su i ako drugog puštamo da se zaleti, ako se povlačimo iza zida i „zatvaramo“. Kod pasivnog otpora osoba ne preuzima odgovornost za svoje odbijanje tako što bi taj otpor formulisala, već beži na zadnja vrata. Ljudima čija su samozaštita zidovi i odbijanje teško pada da zanemare očekivanja drugih. Njihovo dete senke, naime, zapravo misli da bi moralo da ispuni sva očekivanja, ali onda veoma brzo stiče osećaj da drugi upravljaju njime i odbija da to uradi.

Koja osećanja i misli kod tebe izaziva tema „očekivanja mojih bližnjih?“ Molim te da to ovde zapišeš.

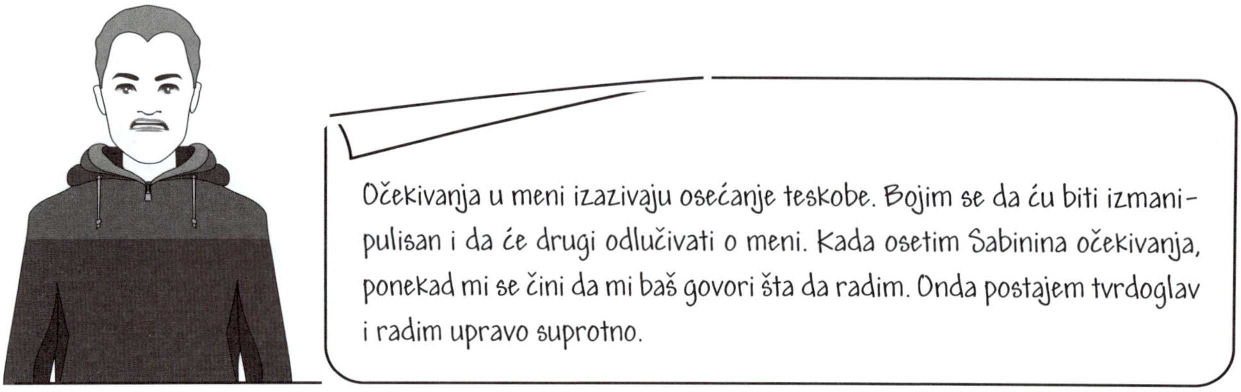

Koje vrste pasivnog otpora znaš (odugovlačenje, odbijanje, zatvaranje, ćutanje, nestajanje, zaboravljanje stvari koje treba uraditi)?

Zapiši najmanje jedno svoje principijelno uverenje koje bi moglo da ide uz zaštitnu strategiju prkos i odbijanje.

PRVA POMOĆ

Uvek objasni svome detetu senke da ste danas veliki i da ne morate stalno da se branite od maminog i tatinog tutorisanja i kontrole. Na ravnoj si nozi s drugim ljudima.

Napadanje i zahtevanje

Kod ove strategije samozaštite pruža se aktivan otpor: to se čini pravim ili navodnim napadima. To je, dakle, takoreći vrsta koncepta suprotna težnji za harmonijom. Napadi i optužbe imaju, kao i većina zaštitnih strategija, smisao koji proizilazi iz životne istorije osobe. Svi, recimo, imamo jak nagon za preživljavanjem, za koji nam je neophodna agresija. Pomoću agresije štitimo svoje granice – a ponekad i svoj život. U našem životu u XXI veku pitanje je samo šta doživljavamo kao napad. Nesigurni ljudi se brzo osete napadnutim. Na osnovu osećanja podređenosti svoga deteta senke oni će lako pogrešno shvatiti neku primedbu, a ponašanje svojih bližnjih protumačiće kao lišeno poštovanja i upereno protiv njih. Njihovo dete senke lako se vređa. Uvređenost je osećaj koji može da oslobodi ogroman bes. Mnogi koji se često i prebrzo brane *impulsivne* su naravi. Oni imaju vrlo brzu vezu draž-reakcija, recimo onako kao što je Mihael odreagovao u našem primeru s kobasicom.

Još jedna aktivna strategija zaštite, koja se često kombinuje s napadom i optuživanjem, jeste zahtevanje. Osoba vrlo energično zahteva ono na šta stvarno ili navodno ima prava. Ljudi koji zahtevanje koriste kao samozaštitu žive u hroničnom strahu da će im neko uskratiti ili oduzeti nešto važno. Njihovo dete senke vrlo brzo pogrešno oseti da je u podređenom položaju, slabije ili prevareno. Ako je njihovo dete senke u detinjstvu zaista ostajalo prikraćeno, oni u svome životu odraslog zahtevaju više nego što daju. Ljudi sa ovom strategijom samozaštite su ženske „zvezde“ i muški mačo tipovi. Svojim dominantnim, zahtevnim ponašanjem mogu veoma mnogo da opterete svoje međuljudske odnose.

Oseti u sebi da li se iza besa krije i osećaj uvređenosti ili poniženja. Zabeleži bar dve situacije u kojima si se osetio poniženo ili uvređeno, a reagovao si besom.

___

___

___

Gde bi sebe smestio na sledećoj skali?

VEOMA ZAZIREM OD SUKOBA .... VEOMA ZAHTEVNA OSOBA

Molim te da pronađeš bar jedno principijelno uverenje koje odgovara ovoj zaštitnoj strategiji.

PRVA POMOĆ

Borbene si prirode i u životu si već mnogo postigao. Ali molim te da budeš svestan da često topom pucaš na vrapca i da pokušaš da svoje dete senke držiš na oku kako bi mogao bolje da razlikuješ primerene zahteve od preteranih. Razmisli i da li možda tražiš više nego što daješ. Uzgred budi rečeno, u komunikaciji sa tvojim bližnjima ništa od informacija neće se izgubiti ako ono do čega ti je stalo formulišeš na ljubazan način.

Racionalizovanje i intelektualizovanje

Ko ne oseća, ne može ni da pati. Racionalizovanje kao zaštitna strategija blokira osećanje slabosti, što čini da se čovek oseća nedodirljivim, koliko god je to moguće. Ono je, kao i sve zaštitne strategije, za početak dobra mera da se uspostavi malo odstojanja i da se sačuva hladna glava. Ovu zaštitnu strategiju koriste pre svega muškarci, naravno nesvesno, da bi se zaštitili od osećanja koja doživljavaju kao slabost, kao što su strah, bespomoćnost ili tuga. To je posledica njihove socijalizacije. Tek tokom proteklih dvadeset godina priča se o tome da i dečaci ponekad smeju da plaču i da osećaju „slaba" osećanja. Kako bi se zaštitili, mladići i muškarci su skloni da se zatvore i da na taj način drže podalje od sebe „slabe" emocije. Oni to čine tako što sve i svakoga oko sebe rado svode na logičke principe. Faktoru socijalizacije tu se pridružuje i genetska sklonost muškaraca da stvari konkretizuju jer su tokom ljudske evolucije oni bili ti koji su morali da idu u lov, i pritom nisu smeli sebi da dopuste mnogo nervoze. Podrazumeva se da ima i žena koje su veoma trezvene i postupaju „iz glave". Problem ove zaštitne strategije leži u tome što ti ljudi osećanja straha, bespomoćnosti, stida i tuge potiskuju toliko jako da o njima ne mogu ni da razmišljaju. Potisnuta frustracija može, međutim, da se ispolji i u vidu agresije – emocije koju muškarci sebi uglavnom dopuštaju lakše nego žene. I muškarci i žene s ovom zaštitnom strategijom skloni su izvesnoj tvrdoći, koja se pre svega izražava u nedostatku sposobnosti da se užive u tuđu situaciju. Sposobnost uživljavanja u tuđu situaciju, naime, pretpostavlja da mogu da osetim i sopstvena osećanja. Oni koji sve racionalizuju traže brza, racionalna rešenja, ali takva rešenja ne donose mnogo, pre svega kada je reč o problemima u ljubavnim vezama i drugim međuljudskim odnosima. Da bi bolje shvatili sebe i druge, oni moraju bolje da se povežu sa svojim „slabim" osećanjima i da ih sebi naprosto dopuste.

Da li je kod tebe prisutna ova vrsta samozaštite?

Koja osećanja malo osećaš (stid, strah, bes, tugu, radost, ljubav)?

Kako su tvoji roditelji postupali s tim osećanjima?

Kojom ocenom bi ocenio svoju sposobnost uživljavanja u tuđu situaciju (na skali od 0–10)?

0 1 2 3 4 5 6 7 8 9 10

Molim te da pronađeš bar jedno principijelno uverenje koje odgovara ovoj zaštitnoj strategiji

____

____

____

____

PRVA POMOĆ

Tokom dana češće zastani i upitaj se: kako se upravo osećam? Da bi mislio na to, stavi neki poseban prsten, rukavicu ili sat, koji će te, kad god ih pogledaš, podsećati na tvoj zadatak. Dopusti sebi ponekad i „slaba" osećanja – videćeš da ipak možeš da zadržiš kontrolu nad njima. Ne moraš u njima dugo da se zadržavaš. Radi se samo o tome da ih naprosto registruješ.

Omalovažavanje i arogancija

Neka se prvi baci kamenom onaj ko je bez greha! Neki ogovaranje i tračeve vole zato što zadovoljavaju njihovu radoznalost. A svakome od nas poznat je impuls da sagovornika koga opažamo kao jačeg i lepšeg od sebe malo omalovažimo, u skladu s motom: super izgleda, ali zato nije baš najbistriji! Osećanje podređenosti nas plaši, pa ga rado kompenzujemo tako što one koji su nam navodno nadmoćni omalovažavamo. Kod nekih ljudi ta samozaštita je, međutim, naročito jako izražena. Oni druge omalovažavaju često i mnogo. Zauzimaju arogantan i (pseudo)nadmoćan stav, koji im daje izvesnu sigurnost. Iza te zaštitne strategije, koja je ljudima neprijatna, često se krije poniženo dete senke koje se oseća bezvrednim.

Pomisli na neku osobu kojoj se ponekad rado rugaš i oseti u sebi kakve bi to veze moglo da ima s tvojim detetom senke.

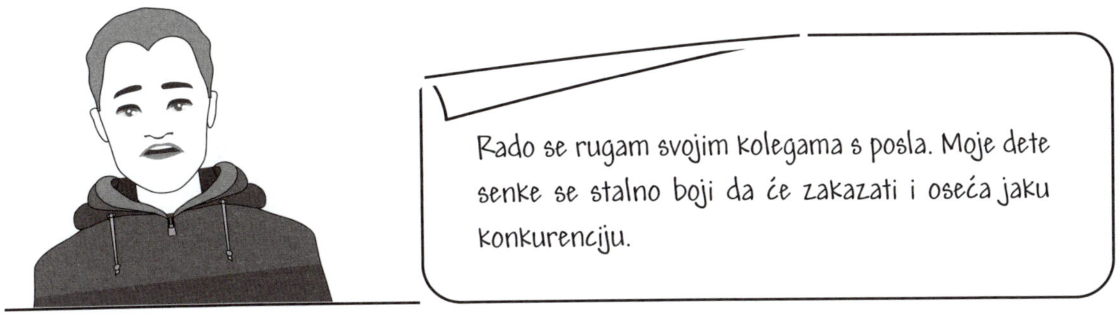

Koje principijelno uverenje ide uz ovu zaštitnu strategiju?

PRVA POMOĆ

Pokušaj da ljubaznije i blaže postupaš sa sopstvenim slabostima. Iza tvog arogantnog držanja krije se tužno dete senke, koje se bori za priznanje. Uspostavi kontakt s njim i prihvati ga sa saosećanjem.

Ako imaš impuls da nekoga omalovažiš, oseti u sebi kakve bi to veze moglo da ima s tvojim detetom senke. Da li ono drugima podmeće rđavo namere? Da li je zavidno? Da li misli da drugi na njega gledaju s visine?

Zapiši svoje lične zaštitne strategije

Neke od zaštitnih strategija koje sam opisala verovatno ti deluju vrlo poznato, dok su ti druge prilično strane. Možda ti primenjuješ neku od zaštitnih strategija koje nisam ovde nabrojala. Ništa ne mari – ako je stvarno prepoznaješ kao zaštitnu strategiju, naravno da možeš da je prihvatiš.

Zapiši sada svoje zaštitne strategije u nogama na šablonu svoga deteta senke. Molim te da ih formulišeš što konkretnije. Ako si, recimo, sklon *povlačenju*, nemoj tamo jednostavno da napišeš tu reč, nego napiši, recimo: „Gubim se u kompjuterskim igricama." Ili: „Odem u radionicu i tamo satima popravljam svoj automobil." Ili: „Često odbijam pozive da odem negde u posetu i zavlačim se u kuću." Molim te da pišeš ne samo konkretno već i u prvom licu jer te to dotiče dublje od apstraktnih odrednica.

Drugi korak
Ojačaj svoje odraslo *ja*

Sada si svoje dete senke stavio ispred sebe u vidu šablona deteta senke. Molim te da mi veruješ da svi problemi koje imaš sa sobom i svojim bližnjima potiču odatle. Dete senke je simbolični prikaz „remećenja“ u tebi koja ti neprestano pričinjavaju teškoće.

Sasvim je moguće da te je bavljenje svojim detetom senke prilično povuklo nadole. Ali ono je neophodno da bi svoje probleme mogao da rešiš u korenu. Da bi rešio svoje probleme, potrebno ti je jako odraslo *ja* koje može da ti pruži unutrašnji oslonac. Ono će ti u jednom kasnijem koraku pomoći da svoje dete senke prihvatiš i da ga utešiš. Prihvatanje deteta senke s ljubavlju važan je korak ka isceljenju.

Ako u tebi ima još osećanja deteta senke, molim te da sada pokušaš da ih se otreseš i da sasvim svesno uđeš u mod svog unutrašnjeg odraslog, koji ume jasno da razmišlja. Tu ti može pomoći ako promeniš mesto u prostoru – dakle ako sedneš na drugo mesto, a ne na ono na kome si se bavio svojim detetom senke.

Možda još ne možeš da veruješ da naposletku svi problemi koje imaš (osim udaraca sudbine) potiču od tvog deteta senke. Zbog toga stvori kod sebe naviku da svaki problem zbog koga patiš analiziraš polazeći od svog deteta senke, njegovih principijelnih uverenja i njegovih zaštitnih strategija. To mirno možeš da uradiš uz pomoć svoga razuma, dakle uz pomoć svog odraslog *ja*. Nije ti svaki put potrebno da zaroniš u osećanja svoga deteta u senci da bi problem u prvom koraku razumeo, a u drugom koraku rešio.

Molim te da sada navedeš jedan od svojih problema koje si zapisao na samom početku knjige i da ga analiziraš polazeći od svoga deteta senke.

1. Problem u kratkim crtama:

____

2. Koja principijelna uverenja leže u osnovi tvog problema?

____

3. Na kakve pretpostavke/tumačenja ponašanja tvog sagovornika i/ili situacije te zavode tvoja principijelna uverenja?

____

4. Kako se osećaš ako tako razmišljaš?

____

5. Koje ponašanje s tvoje strane proizilazi iz tvog mišljenja i tvojih osećanja?

____

1. Problem: Miha i ja se previše svađamo.
2. Nisam dovoljna. Sve radim pogrešno!
3. Mislim da nisam dovoljno dobra za Mihu i da će me uskoro napustiti.
4. Strah od gubitka/tuga.
5. Jadikujem i kačim se za njega, durim se i svađam.

VAŽNO

Sve, ali stvarno sve što tvoj unutrašnji odrasli sada mora da razume jeste da ova principijelna uverenja ne govore ama baš ništa, ali stvarno ama baš ništa, o tvojoj vrednosti, već *isključivo* nešto o tome kako su – bar delimično – tvoji roditelji zakazali u tvom podizanju i vaspitavanju! Da tvoji roditelji u nekim stvarima nisu bili toliko preopterećeni, ili da si imao neke druge roditelje, tu bi stajale i druge rečenice, a ti bi se u skladu s tim bolje osećao. (Pritom nije reč o tome da tvoje roditelje treba osuditi – i oni imaju/ili su imali svoje dete senke – već naprosto o tome da treba *razumeti* odakle tvoja principijelna uverenja dolaze.) Tvoje odraslo *ja*, dakle tvoj um, verovatno može da se složi s ovim. Dakle, sve što moraš da naučiš jeste da se više ne poistovećuješ sa svojim principijelnim uverenjima. Kada se poistovećuješ s njima, u potpunosti si u svome detetu senke, zarobljen si u „perspektivi učesnika" u svom ličnom filmu. Kako da promeniš svoja principijelna uverenja, a paralelno s tim i svoja opažanja, svoje mišljenje i svoja osećanja odaću ti na na stranama koje slede.

Tvoj lični 4D bioskop

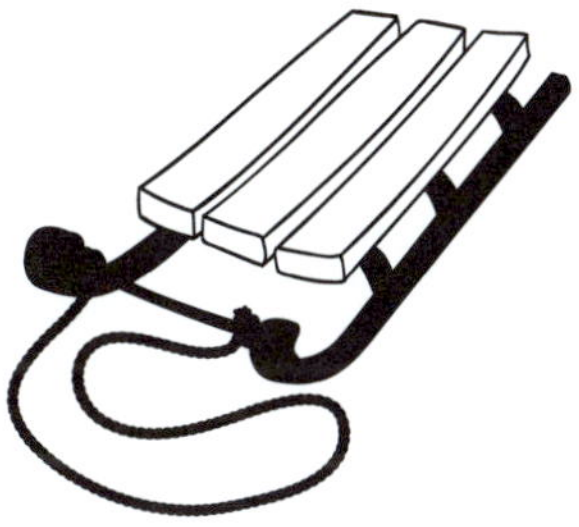

Želela bih da ti na osnovu jednog ličnog primera objasnim razliku između perspektive učesnika i perspektive posmatrača: 2015. godine posetila sam filmski studio *Bavarija* u Minhenu. Tamo je postojala mogućnost da se pogleda 4D film. Bio je to 3D film s uobičajenim naočarima, a četvrta dimenzija sastojala se u tome što se stolica na kojoj se sedi pomerala – postojala je čak i bezbednosna šipka da se ne ispadne iz stolice, kao na ringišpilu. Prikazan je animirani film vožnje sanki. Zahvaljujući savršenoj iluziji, imali ste utisak da stvarno sedite na sankama. Sigurno da možeš lako da razumeš koliko je ova vožnja sankama bila „ubistvena" – ceo bioskop je vrištao od straha. Kada je filmska predstava, koja je trajala samo pet minuta, završena, pomislila sam: upravo je ovako! Da sam za vreme filma htela da izađem iz svog osećanja straha, morala bih da uz pomoć svoga odraslog *ja* pređem iz perspektive učesnika (sedim u sankama) u perspektivu posmatrača (sedim u bioskopu). U perspektivi posmatrača ja sebe vidim spolja. Odatle bih mogla da vidim i da bezbedno sedim na sigurnoj stolici u bioskopu, dok je vožnja sankama samo projekcija na platnu.

Isto je i sa tvojim detetom senke. Ako si zarobljen u njemu, ti si u perspektivi učesnika i veruješ u sve što osećaš i misliš. Nalaziš se usred svoje lične 4D vožnje sankama. Iz perspektive posmatrača, naprotiv, možeš da uvidiš da si bezbedan i da se radi o projekciji iz tvoje prošlosti. Ako se tvoje dete senke, recimo, u toj perspektivi učesnika boji da će ga drugi ljudi odbiti i odbaciti, tvoje odraslo *ja* bi iz perspektive posmatrača moglo da dođe do sledećeg zaključka: „Gle, opet je aktivno moje dete senke, koje sada računa na odbijanje jer je mama uvek bila tako hladna. I zato projektuje taj stari film na druge ljude i boji se da će ga oni odbiti – kao što je mama tako često radila. Ali pogledaj, ovaj svet tamo napolju nije mama, a ja sam već vrlo često imao iskustvo da sam dobrodošao."

Kroz ovo smenjivanje perspektive učesnika i perspektive posmatrača možeš da stekneš odstojanje u odnosu na film svoga deteta senke. Tu je, međutim, neophodno da tvoje odraslo *ja*, dakle tvoj um koji logički misli, ima dovoljno spremnih argumenata da te uveri da se stvarno radi samo o filmu.

Razlikuj prava osećanja od lažnih

Neki ljudi imaju taj problem što i sa gledišta svog odraslog *ja* misle da nisu dovoljno dobri i da su bezvredni. Oni, dakle, nikako ne mogu dobro da se distanciraju od svoga deteta senke pomoću svog uma. Zbog toga je važno da pomoću logičnih argumenata ojačaju svog unutrašnjeg odraslog. Argumenti pomažu da se zauzmu sigurni stavovi i u izvesnoj meri važe više od osećanja – ili bar više od onih osećanja koja proizilaze iz deteta senke. Osećanja koja nastaju u našem detetu senke nisu, naime, primerena našoj trenutnoj stvarnosti i zbog toga ne bi trebalo da se koriste kao osnova za donošenje odluka. Priroda je, međutim, uredila tako da osećanja shvatamo strašno ozbiljno i da ona određuju naše postupke. Razlog: s gledišta istorije ljudske evolucije svako osećanje ima svoj smisao. Strah nas upozorava na opasnost. Bes nam pomaže da branimo svoje granice. Tuga nas obaveštava da smo izgubili nešto veoma važno. Stid nas prisiljava da se prilagodimo pravilima zajednice itd. Od početaka čovečanstva najdublje smo uslovljeni da verujemo svojim osećanjima i da po njima postupamo. Problem leži u tome što situacija u našem savremenom dobu nije više onako jednostavna kao što je to, recimo, bila u kamenom dobu. Osećanja koja nastaju iz iskrivljenih opažanja deteta senke vrlo su loši savetnici. Upravo po njima ne bi trebalo da postupamo i tu treba da se suprotstavimo svom genetskom programu.

Molim te da navedeš tri situacije u kojima su ti tvoja osećanja bila vrlo loši savetnici:

1. ______________________________

2. ______________________________

3. ______________________________

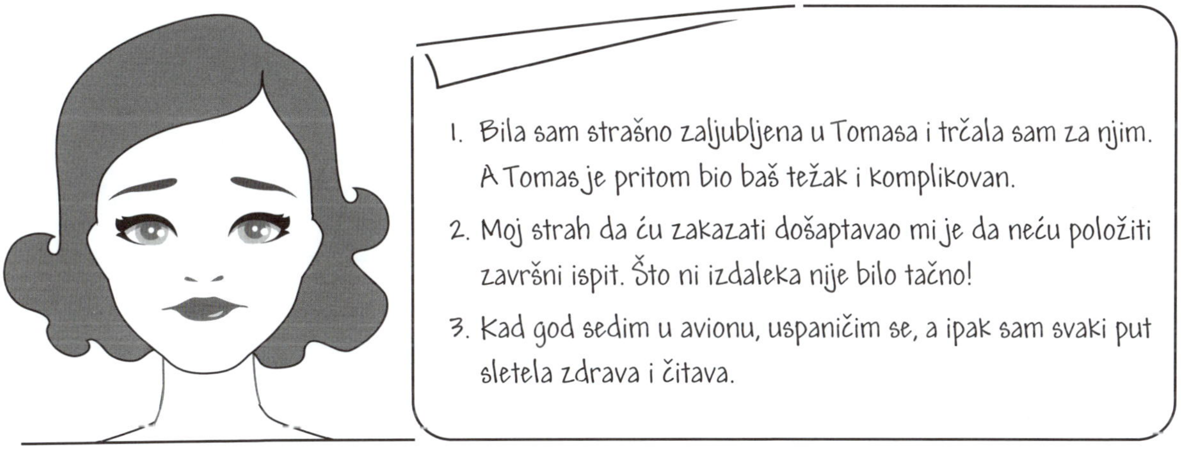

VAŽNO

Molim te da sebi razjasniš da osećanja koja potiču iz tvog deteta senke odražavaju jednu pogrešnu stvarnost. Treniraj svoj glas iz glave kako bi svoja osećanja razvlastio. Možda se sada pitaš zašto je Sabinina zaljubljenost u Tomasa bila osećanje deteta senke. Odgovor: zato što je Sabinino dete senke obavezno htelo da od Tomasa dobije priznanje. Ona je u osnovi svoj strah od odbijanja (lupanje srca, uzbuđenje) pobrkala sa zaljubljenošću.

Sada se verovatno pitaš i ovo: ali kako da prepoznam šta je pravo osećanje? Odgovor: tako što ćeš se konsultovati sa svojim umom, dakle, sa svojim odraslim *ja*. Ono, zapravo, uvek zna pravi odgovor. Tako je i Sabina svojim umom znala da nije bilo ispravno kada je htela da se veže za Tomasa. Isto tako zna i da su njen strah od neuspeha i njen strah od aviona potpuno preterani.

Vežbaj iznošenje argumenata

Logični argumenti neverovatno mnogo pomažu da se stvori jasan pogled i siguran stav. Oni su i vrlo važna zaštita kada se treba distancirati od osećanja svoga deteta senke. Ispravnost argumenata lako može da se proveri, a uz njihovu pomoć možemo i da razlikujemo primerena osećanja od onih neprimerenih. Tek ako je odraslo *ja*, uz pomoć argumenata, sigurno u svoj stav, ono može da se pobrine o detetu senke s njegovim osećanjima. Još ćemo, dakle, raditi neposredno na tvojim negativnim osećanjima; ali najpre moramo da ubedimo odrasloga u tebi jer je naposletku on taj koji treba da preuzme vođstvo.

Evo nekoliko argumenata koji ti pomažu da uspostaviš distancu između svog deteta senke i svog odraslog *ja*:

- Nijedno dete ne dolazi na svet loše. Deca ne mogu da budu loši ljudi.
- Deca mogu da nerviraju i da budu naporna, ali to ništa ne menja kada je reč o njihovoj vrednosti. Roditelji su odgovorni – pre nego što postanu roditelji treba da razmisle o tome hoće li na sebe da prime napore roditeljstva.
- Deca čak i moraju da nerviraju. Ona su, zapravo, potpuno nemoćna i moraju odrasle nekako da pokrenu da zadovolje njihove važne potrebe. Njihov program je, dakle: preživi! Porasti! Nauči sve!
- Ako podizanje i vaspitanje dece roditelje preopterećuje, oni moraju da potraže pomoć. Deca tu ne mogu ništa.
- Zadatak roditelja je da razumeju osećanja i potrebe svoga deteta. Nije odgovornost deteta da razume osećanja i potrebe svojih roditelja i da te potrebe zadovoljava.
- Zadatak roditelja je da svome detetu požele dobrodošlicu na ovom svetu i da ga vole. Nije zadatak deteta da se ponaša tako da roditelji mogu da ga vole.

Molim te pronađi još tri lična argumenta za tvoje dete senke koji mogu da ojačaju tvoje odraslo *ja*:

- ____
- ____
- ____

Molim te da sada zapišeš tri ključna principijelna uverenja i da uz pomoć svog odraslog *ja* pronađeš argumente koji govore da ova principijelna uverenja nisu istinita. Evo nekoliko podsticaja i ideja:

Nisam dovoljan (ne zadovoljavam). Šta ovo tačno znači? Da li zadovoljavaš samo kada daješ rezultate? Ili zadovoljavaš samo kada daješ *savršene* rezultate i ne praviš *nikakve* greške? Nabroj situacije u kojima si bio dobar i zadovoljio očekivanja. Nabroj ljude kojima si dovoljan. Odakle dolazi ovo principijelno uverenje – ko ti ga je preneo/ubedio te u to?

Ja sam kriv. Za šta si kriv? Odakle dolazi to principijelno uverenje? Jesu li mama ili tata uvek bili tužni kada nisi ispunjavao njihova očekivanja? Jesi li na ovom svetu da bi drugima bio po volji? Jesi li kao dete odgovoran za to da tvojim roditeljima bude dobro? Jesi li kao odrasla osoba odgovoran za to da usrećiš svog partnera/partnerku? Ili je svako najpre sam odgovoran za svoje ćudi i raspoloženja? Razjasni sebi: koga to ne smeš da razočaraš? Onaj ko ne sme da razočara druge nikada ne sme da bude slobodan čovek. Tvoje neprikosnoveno pravo je da se razgraničiš.

Moram da ispunim tvoja očekivanja. Odakle dolazi ovo principijelno uverenje? Šta bi ono u krajnjoj konsekvenci značilo? Šta ćeš raditi ako u prostoriji sedi dvadesetoro ljudi i svako od tebe očekuje nešto drugo? Čija očekivanja tvoja mašta vidi u tvom partneru, ili nekoj drugoj osobi koja ti je važna? Šta bi se desilo ako ne bi ispunio očekivanja svoga partnera, ili neke druge važne osobe? Da li bi se to desilo *stvarno*? A ako bi se desilo, da li bi ti to preživeo?

1. ____

____

2. ____

____

3. ____

____

Uhvati sebe na delu!

Ako smo zarobljeni u perspektivi učesnika i gledamo iz ugla deteta senke, a to ne primećujemo, doživljavamo svoju 4D vožnju sankama i verujemo u sve što osećamo i mislimo. Zbog toga je važan preduslov za izlazak iz našeg ličnog filma da sebe pritom *uhvatimo na delu* i da vidimo da smo u njemu zarobljeni. Sebe najbolje možemo da uhvatimo na delu kada je reč o našim osećanjima jer nam ona najbrže prodiru u svest. Ako smo besni, tužni, postiđeni ili uplašeni, to često ima neke veze s našim detetom senke.

Zapiši u kratkim crtama tri tipične situacije iz svog života u kojima je tvoje dete senke aktivno. Zapiši i kako se osećaš pritom. Molim te da zapišeš i odgovarajuće principijelno uverenje (može da ih bude i više).

____

____

____

____

____

____

1. Sabina prenebregne neku moju želju. Uvređen sam i besan.
   (Principijelno uverenje: nisam važan!)
2. Šef ignoriše moje predloge. Osećam se postiđeno, malo i glupo.
   (Principijelno uverenje: Ne zadovoljavam! Nisam važan!)
3. Majka me pritiska i stalno pita kad će unuci.
   Postajem prkosan i tvrdoglav.
   (Principijelno uverenje: Ne smem da te razočaram!
   Odgovoran sam za tvoju sreću!)

Molim te da za svaku situaciju pronađeš argumente koji s gledišta tvoga odraslog protivureče tome da tvoje dete u senci zaista objektivno ima pravo i da u toj situaciji moraš tako da se osećaš.

1. ______________________________
2. ______________________________
3. ______________________________

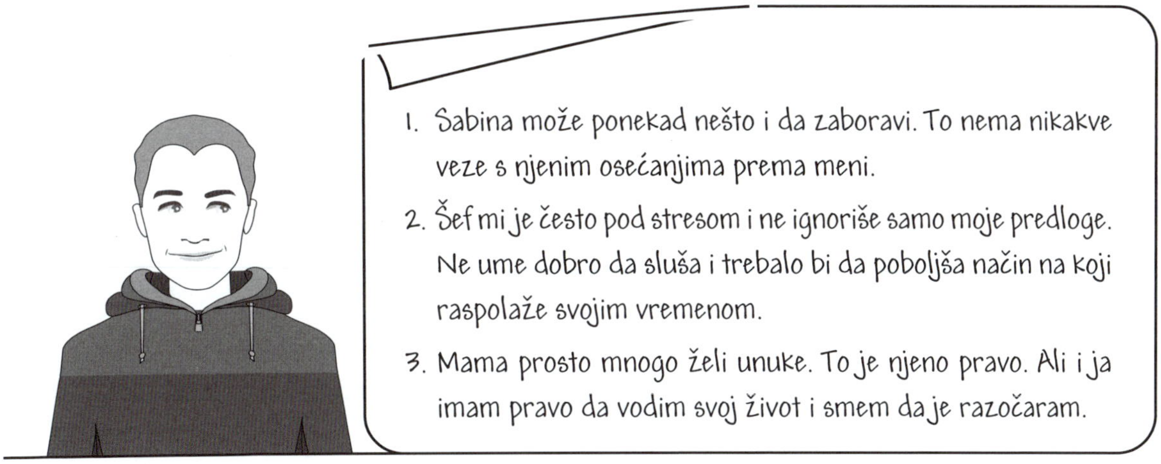

Dve pozicije opažanja: hvatanje sebe na delu i prebacivanje

U ovom vežbanju radi se o tome da se dete senke odvoji od odraslog *ja* kako se to dvoje ne bi stalno mešalo u tvojim opažanjima.

Sada, molim te, uzmi neku od situacija koje si gore zapisao, ili jedan od svojih problema s početka knjige. Ova vežba je *osnova* za analizu i rešavanje svih problema.

1. Sasvim svesno uđi u svoje dete senke i posmatraj i osećaj situaciju s njegovog gledišta. Ulaziš, dakle, u perspektivu učesnika. Molim te da glasno ispričaš kako tvoje dete senke opaža ovu situaciju, kako je tumači i kako se pritom oseća.
2. Izlaziš iz osećanja deteta senke, recimo tako što sebi odvraćaš pažnju i/ili se lupkaš po celom telu.
3. Prostorno se premesti na neko drugo mesto i sada sasvim svesno uđi u svoje odraslo *ja*. Odatle zauzmi perspektivu posmatrača i posmatraj svoj problem/situaciju spolja i s odstojanja. Kao prvo, uveravaj svoje dete senke: „Drago dete senke, čuo sam te i pomoći ću ti da rešiš svoj problem. Od sada ja, odrasla osoba, preuzimam odgovornost, a ti možeš da se opustiš!"
4. Molim te analiziraj i oceni kako situacija izgleda spolja. Zamisli da si sudija i da moraš da doneseš presudu u „ovom slučaju". Možeš čak da zamisliš da se tu uopšte ne radi o tebi i tvom detetu senke, već o nekoj drugoj osobi. To može da ti pomogne da situaciju pogledaš s veće distance.
   - Kako spolja opažaš svoje dete senke?
   - Molim te analiziraj njegove motive, njegova osećanja i njegovo ponašanje.
   - Smatraš li da su osećanja i ponašanje tvoga deteta senke primereni situaciji?
   - Donesi konačni sud/presudu.

5. Ako je tvoja analiza okončana, molim te da kao svoj *sopstveni trener* sebi daš uputstva kako bi u toj situaciji moglo bolje da se postupi, to jest šta ćeš ubuduće raditi drugačije. Na kraju uveri svoje dete senke još jednom da ćeš ti, njegovo odraslo *ja*, ubuduće preuzeti odgovornost i da ono može da bude mirno.

MEGA VAŽNO

***Hvatanje sebe na delu* i *prebacivanje* su osnove svake promene i rešavanja problema. Često je dovoljno već i ako sebe uhvatiš na delu i iznutra uspostaviš malu distancu prema mislima i osećanjima svoga deteta senke, prosto tako što ćeš primetiti da si zaglavljen u „starom filmu“ koji nema nikakve veze sa sadašnjošću.**

Sunce, svetlost i toplota za dete senke

Mašta u našem mozgu deluje skoro jednako dobro kao i stvarnost. Naš mozak, naime, ne može baš dobro da razlikuje ova dva stanja. Verovatno da moć ubeđivanja tvojih vizuelnih predstava odmah blesne u tebi čim pomisliš na scenarija strave i užasa koja kod tebe brzinom munje mogu da izazovu neprijatna osećanja. To, međutim, funkcioniše i obrnuto, s pozitivnim slikama i mislima. Pomisli, na primer, na ljude koji su ti dragi, ili na omiljeno jelo – i verovatno će u tebi odmah nastati prijatno osećanje. Zbog toga su zamišljanje, imaginacija i hipnoza delotvorni metodi lečenja. Sledeća vežba oslanja se na te metode. Prikladna je da ti odmah promeni negativna osećanja.

1. Molim te, potraži neki položaj u prostoriji i stani tamo. Zatvori oči ili obori pogled kako bi mogao dobro da osetiš šta je u tebi. Pazi da obama stopalima imaš dobar kontakt sa tlom. Oseti svoje dete senke, recimo tako što ćeš pomisliti na problem koji si zapisao na početku knjige.
2. Samo zamisli da preko tebe teče sunčeva svetlost. Oseti svetlost nad svojom glavom, preko ramena i ruku, preko celoga tela. Oseti kako te obuzima i kako si pred svojim unutrašnjim okom u nju uvijen kao u svetlosni plašt. Oseti toplinu i pusti je da teče u tebe. Udahni duboko, izdahni i poveži se s moći sunca i prirode ili s nekom višom moći. Ispruži ruke ka nebu i zamisli kako u tebe pritiče baš mnogo isceljujuće energije, koja ti ispunjava svaku ćeliju tela.

Ovu energiju koja zagreva i ovaj svetlosni plašt možeš odsad pa nadalje uvek da nosiš sa sobom.

Poželi dobrodošlicu svome detetu senke

Do sada si već naučio vrlo mnogo: shvatio si svoje dete senke, s njegovim principijelnim uverenjima i zaštitnim strategijama koje te ometaju, i ojačao si svog unutrašnjeg odraslog. Pored toga, znaš i kako se dete senke i unutrašnji odrasli razdvajaju tako što staješ na prvu i drugu poziciju opažanja. Vežbao si i nalaženje argumenata. Prikupio si veoma mnogo konkretnog znanja kako da umiriš svoje dete senke i kako da izađeš iz svojih negativnih osećanja. Sada to znanje hoćemo da primenimo kako bi neposredno komunicirao sa svojim detetom senke i kako bi mogao da ga utešiš. Za to ti je potrebno tvoje odraslo *ja*, koje može jasno da razmisli o tome da su tvoja negativna principijelna uverenja rezultat tvog vaspitanja, a ne istina. To verovatno još neće ubediti tvoje dete senke jer su stari tragovi utiskivanja u njegovim osećanjima previše duboki. Zato je važno da do deteta senke dopreš u emocionalnoj ravni. To je moguće samo ako ga prihvatiš.

Ovo prihvatanje svoga deteta senke suštinski je korak ka isceljenju. Čim nečemu kažeš *da*, ti uklanjaš svoj unutrašnji otpor. Time što na jednoj dubljoj ravni priznaješ da je do ovih povreda došlo, priznaješ samoga sebe. Ako, naprotiv, svoje dete senke i njegove povrede potiskuješ, time nastavljaš onu nepravdu koju je iskusilo od tvojih roditelja: njegova osećanja i unutrašnje povrede zanemaruju se i poriču. Isceliti se znači postati ceo. Time što prihvataš ovaj deo tvoje ličnosti, postaješ ceo. Dete senke, koje živi u senci i zbog toga može da razvije utoliko moćnija osećanja i destruktivne programe, sada će naći svoj zavičaj u tebi. Što je viši položaj koji oseća da u tebi ima, utoliko mirnije će postati.

1. Molim te, zatvori oči i uspostavi unutrašnji kontakt sa svojim detetom senke. To ćeš postići tako što ćeš svoja negativna principijelna uverenja izgovoriti i osetiti iznutra. Ali možda svoje dete senke možeš i lakše da prizoveš ako pomisliš na neku situaciju u kojoj je ono bilo, ili jeste, veoma aktivno. Možda je to neka situacija iz tvog detinjstva, ali možda i iz tvog života kao odraslog. Zamisli tu situaciju i oseti svoje dete senke i kako se ono oseća. Verovatno će se pojaviti stara i poznata osećanja kao što su strah, pritisak, bes, tuga ili stid. Tvoje dete senke pokazuje se u tim osećanjima.
2. Duboko udahni do stomaka i reci: „*Da, to je tako. Ovo je moje dete senke. Siroto moje dete, sada smeš prosto da budeš ovde. Ja te vidim i ozbiljno te shvatam. Želim ti dobrodošlicu!*"
3. Prosto nastavi da dišeš. Imaj saosećanja za svoje dete senke. Uveri ga da ćeš ubuduće uvek biti tu za njega. Reci mu da neće više biti sâmo. Reci mu da ćeš ga ti, unutrašnji odrasli, uzeti za ruku i objasniti mu ovaj svet, tako da će ubrzo u svojoj najvećoj dubini osetiti da je savršeno dovoljno onakvo kakvo je.

Videćeš da tvoje dete senke postaje utoliko mirnije ukoliko ga više prihvataš. Oseća se viđenim i prihvaćenim.

Ugradi ove vežbe u svoju svakodnevicu i ponavljaj ih što češće.

Neću da imam nikakve veze sa svojim detetom senke!

Nekima teško pada da svoje dete senke priznaju – to im je toliko bolno da neće da ga imaju u sebi. Najradije bi ga uništili. Time, međutim, nastavljaju onu nepravdu koju su njihovi roditelji (nenamerno) počinili prema njima. Naime, to da su izvesna osećanja, potrebe i specifičnosti bili naprosto ignorisani/zanemarivani, to jest da nisu prihvatani. Što više ugnjetavaš svoje dete senke, to manje možeš da ga regulišeš. Jer ono tada deluje iz podzemlja, a ti ne možeš sebe da uhvatiš na delu kada ponovo stekne moć nad tobom. Prihvatanje deteta senke ne znači, naime, da čovek mora stalno da ga oseća – naprotiv: ako ga prihvatimo, možemo mnogo brže da ga prepoznamo i umirimo i da izađemo iz moda deteta senke.

Ako ti teško pada da dete senke prihvatiš, probaj sledeću vežbu:

1. Stavi neku plišanu igračku, lutku ili jastuk na stolicu, kao simbol deteta senke, a ti sedi nasuprot njemu. Glasno i jasno reci: „Neću da imam nikakve veze s tobom! Ne donosiš mi ništa osim stresa i problema!"
2. Promeni položaj i sedi na mesto deteta senke i oseti kako je njemu. Oseti kako doživljava tvoje odbijanje. Pusti ga da progovori iz tebe, najbolje glasno, tako da jednom stvarno može da olakša dušu. Pusti ga i da izrazi kako mu je sa ovim tvojim odraslim delom koji neće da ima ništa s njim.
3. Zatim ponovo izađi iz svog deteta senke i sedi na mesto svoga odraslog. Sada si čuo šta tvoje dete senke pokreće. Hoćeš li ostati pri svom odbojnom stavu – ili možda postoji neko bolje rešenje?

Ako ostaješ pri odbojnom stavu, tvoje dete senke verovatno nosi u sebi velike povrede. Lično ne verujem da će tvoja povređenost postati gora ako ga priznaš, i time preuzmeš odgovornost za svoja osećanja. Ali možeš da razmisliš o tome da eventualno potražiš podršku u obliku psihoterapije. Psihoterapeut pun razumevanja mogao bi da te prati na tvome putu i da ti ga olakša.

Uteši svoje dete senke

Sada hoćemo da odemo još korak dalje. Tvoje odraslo *ja* razgovara s tvojim detetom senke i objašnjava mu kako je bilo svojevremeno, s mamom i tatom. Odrasli, naime, može da stekne pregled i vidi da je dete senke nedužno i da ne može ništa da učini kako bi se izborilo sa svojim negativnim osećanjima i principijelnim uverenjima. Odrasli može da shvati da se kod deteta senke radi o utiskivanjima iz njegovog detinjstva jer su već i roditelji u sebi nosili svoje dete senke.

Odrasli je, dakle, sposoban da dete senke uteši i da ga usmerava.

1. Molim te, predstavi pred svojim unutrašnjim okom svoje dete senke. Možda bi želeo i da ga uzmeš u krilo. Pritom može da ti pomogne i ako imaš neku svoju staru fotografiju iz detinjstva. Kao simbol za svoje dete senke možeš ispred sebe da staviš i neku plišanu igračku.
2. Sada svojim odraslim *ja* uđi u jedan potpuno blagonaklon, ljubavlju ispunjen stav. Ti si sada za svoje dete senke nešto poput dobre majke, ili dobrog oca. Ako imaš sopstveno dete, takav stav prepun ljubavi verovatno ti ne pada teško. Ako nemaš dece, prosto zamisli da razgovaraš s malim detetom koje je uplašeno i tužno. Ako ti teško pada da prema svome detetu senke zauzmeš stav prepun ljubavi, zamisli da je neko malo dete preplašeno i tužno. Možda zato što se boji da druga deca neće hteti da se igraju s njim. Kako bi ga utešio? Tako što ćeš mu reći: „Ne prenemaži se toliko, mali seronjo"? Ili tako što ćeš ga ohrabriti, uzeti za ruku i zajedno s njim poći do ostale dece? Verovatno ovo potonje. Taj dobronamerni, ljubazni stav možeš da preneseš i na odnos prema svome detetu senke. Vežbaj, dakle, blagonaklonost i saosećanje prema samome sebi. Blagonaklonost i saosećanje će učiniti da se tvoje dete senke isceli.
3. Sada svome detetu senke objasni kakvi su nekada bili mama i tata: ispričaj mu da su i mama i tata u sebi već imali decu senke i da su i zbog toga činili greške. Reci mu da se ne radi o tome da svoje roditelje smatraš odgovornim i da ih osuđuješ, već da ti, kao odrasla osoba, *razumeš zašto se ono često oseća tako podređeno i loše*. Uveri ga da su mama i tata pogrešili, a da je ono nedužno.
4. Onda zamisli da su tvoji roditelji bili sasvim *celi i zdravi* i da su uglavnom ispravno postupali. Možda ti je čak draže ako zamisliš da si imao neke sasvim druge roditelje. Sa takvim roditeljima ti bi znao…
   - da su tvoji roditelji veoma ponosni na tebe,
   - da se izuzetno mnogo raduju što postojiš,
   - da te ne bi menjali ni za jedno drugo dete na svetu,
   - da si dovoljan i zadovoljavaš onakav kakav jesi,
   - da smeš da imaš sopstvenu volju,
   - da smeš da osećaš svoja osećanja.

Molim te, dodaj ono što bi tebi lično moglo da bude važno:

- ______________________________
- ______________________________
- ______________________________
- ______________________________
- ______________________________
- ______________________________
- ______________________________

VAŽNO

Pazi samo da odsad pa nadalje tvoje dete senke više ne preuzima vođstvo u tvojim postupcima. Dete senke može biti bojažljivo i stidljivo, možda bi najradije i pobeglo odatle, ili bi nekoga udarilo. Ali odrasli određuje šta se radi. To je kao i u stvarnom životu s malom decom. Ako se dete, recimo, boji da ode kod zubara, roditelj ga s ljubavlju uzima za ruku i pomaže mu da posetu zubaru savlada. Vođstvo se, međutim, ne prepušta detetu, recimo tako što bi se otkazala poseta zubaru. Isto tako, detetu se ne dopušta ni da beži iz škole zato što mu se u nju ne ide. Na isti način možeš da zamisliš i odnos sa svojim detetom senke: slušaš ga i dopuštaš mu da ti ispriča svoje brige i strahove. Ali naposletku ti, svojim racionalnim umom i na osnovu dobrih argumenata, odlučuješ šta će da se radi.

Trans deteta senke

Ovaj trans možeš da daunloduješ sa http://www.kailash-verlag.de/daskindindir. To je blaga hipnoza koja služi da se tvoje dete senke uteši i da se dospe do jednog dubokog nivoa svesti. Ovo možeš da slušaš koliko god puta želiš.

Tri pozicije opažanja

Kod vežbe „hvatanje sebe na delu i prebacivanje" zauzimali smo dve pozicije opažanja: 1. perspektivu učesnika: poistovećujem se sa svojim detetom senke i 2. perspektivu posmatrača: ja sam u svome odraslom *ja* i spolja gledam i prosuđujem svoje ponašanje.

Postoji, međutim, i treća pozicija: prenosim se u položaj svoga sagovornika. Ova pozicija je, međutim, odsad pa nadalje druga pozicija jer je smeštamo između perspektive učesnika i perspektive posmatrača. Dakle:

1. Pozicija, perspektiva učesnika – poistovećen sam sa svojim detetom senke.
2. Pozicija, preuzimanje empatičke perspektive – poistovećen sam sa željama i potrebama svog sagovornika.
3. Pozicija, perspektiva posmatrača – iz svog odraslog *ja* spolja gledam sebe i svog partnera u interakciji.

Kod druge pozicije radi se o preuzimanju empatičke perspektive, koja je veoma važna za uspešnu komunikaciju. Nekim ljudima je vrlo lako da se užive u svoga sagovornika, dok drugima to teško pada. Ovi potonji se uglavnom nalaze u prvoj poziciji – dakle u potpunosti se poistovećuju sa sobom i svojim potrebama. Teško im pada da odstupe od svog gledišta i da zauzmu perspektivu svog sagovornika. Dete senke u njima brani svoju *autonomiju*.

Drugi su, nasuprot tome, često u drugoj poziciji: stalno su im izvučene antene i osećaju šta drugi ljudi hoće. Oni su, dakle, više pri drugima nego pri sebi. Pritom njihove sopstvene želje ostaju prikraćene. Njihovo dete senke odabralo je stranu *prilagođavanja*.

Neki ljudi se veoma često nalaze i u trećoj poziciji: uvek imaju izvesnu distancu prema sebi i svojim osećanjima (prva pozicija), a i kritičku distancu prema drugim ljudima. Veoma su racionalni i ne doživljavaju mnogo kolebanje osećanja. Često pate od izvesnog emotivnog siromaštva.

Zaroni u sebe i oseti – u kojoj poziciji si često? Da li tvoje dete senke više brine o svom samoodržanju i autonomiji? Ili se više boji odbijanja i gubitka? Ili se kolebaš između ta dva pola? Da li se često nalaziš u drugoj poziciji i češće imaš osećaj da život više posmatraš nego što u njemu učestvuješ? Ili možeš bez muke da menjaš sve tri pozicije i da neku situaciju posmatraš iz mnogo perspektiva.

Molim te da odabereš jedan sukob koji imaš s drugim ljudima, bez obzira da li potiče iz tvog profesionalnog ili privatnog okruženja. Pritom bi trebalo da se radi o nekoj konkretnoj situaciji koju si s tom osobom doživeo. Da bi najpre naučio tehniku, preporučila bih ti da za ovo vežbanje odabereš neki lak ili srednji, a ne baš težak sukob.

1. Molim te da zauzmeš prvu poziciju opažanja – kako se tvoje dete senke oseća kada ta osoba sedi preko puta njega? Šta ono misli? Šta radi? Ako si dovoljno osetio svoje dete senke i istražio ga, molim te da otreseš sva neprijatna osećanja.

2. Pređi na neko drugo mesto u prostoriji i zauzmi drugu poziciju opažanja. Kako deluješ na sagovornika? Kako se tvoj sagovornik s tobom oseća? Pokušaj da se što bolje možeš uživiš u svog sagovornika i posmatraj sebe njegovim očima. Oseti i njegova osećanja. Ako si dovoljno istražio sagovornikovu situaciju, ponovo se oslobodi njegovih osećanja.
3. Molim te da pređeš u treću poziciju opažanja – u svoje odraslo *ja*. Posmatraj vas oboje spolja. Kako analiziraš situaciju – do kakve ocene dolaziš? Kada bi bio sopstveni trener, šta bi sebi savetovao?

VAŽNO

Ljudi koji umeju i da se prilagode i da se nametnu, bez problema menjaju ove tri pozicije. Pritom, naravno, ne moraju uvek da menjaju i svoj položaj u prostoriji. Pre se radi o unutrašnjem stavu, tako da čovek na prvoj poziciji može i da ostane pri svom stavu (pri sebi) i da se razgraniči. Na drugoj poziciji čovek je u situaciji da se uživi u svog sagovornika, a u trećoj poziciji može racionalno da analizira celokupnu situaciju. Ako mu sve to dobro polazi za rukom, po pravilu je psihički uravnotežen i sposoban je za veze i odnose s drugim ljudima.

Razlikuj činjenice i tumačenja

Ako smo zarobljeni u perspektivi učesnika i gledamo iz ugla deteta senke, mi smo mali. Dete senke je, uostalom, ostalo zaglavljeno u svom detinjstvu i još nije shvatilo da je to vreme prošlo. Osećanja deteta senke sastoje se od starih povreda koje se stalno iznova aktuelizuju – i to ne spoljnim zbivanjima, kao što obično mislimo, već načinom na koji mi ta zbivanja *tumačimo*. To sam objasnila već na primeru Mihaela i Sabine. Ono što je Mihaela toliko razbesnelo nije, naime, bila zaboravljena kobasica, već njegovo tumačenje: nisam važan! Nisam dovoljan (tj. ne zadovoljavam)! I hop, Mihael podmeće Sabini da ga ne voli dovoljno. U psihologiji to nazivamo *projekcijom*. Mihaelovo dete senke najdublje je uvereno: nisam dovoljan! A to uverenje projektuje na Sabinu. Dokaz: zaboravljena kobasica.

Ako smo zarobljeni u perspektivi učesnika i gledamo iz svog deteta senke, skloni smo da druge ljude doživljavamo kao veće, jače i bolje od nas samih. Mi u njih projektujemo izvesnu nadmoć.

Pored toga, ako stvari gledamo očima našeg deteta senke, to čini da doživljavamo da se sva moguća zbivanja spolja odnose na nas same. Ako je koleginica na poslu pomalo hladna i distancirana, dete senke misli i oseća: „Ona me ne voli!" (Umesto, recimo: „Ne ume lepo da se ponaša.") Dete senke opaža – kao i sva deca – *na egocentričan način*. Ono, dakle, misli da je sâmo uzrok ponašanja drugih ljudi prema njemu. Mala deca uvek misle da su uzročno odgovorna za stvari koje se dešavaju oko njih. Ako se roditelji svađaju, četvorogodišnje dete misli: „To je zato što nisam pojeo sve iz tanjira." Ako ga tata istuče, misli da je to zato što je donelo lošu ocenu iz škole (a ne misli: „Tata je suviše agresivan"). Ako mu se mama blistavo osmehne, misli da je to zato što je dobro, milo dete itd. Govorimo i o **„osećanju sopstvene vrednosti u ogledalu"**. Taj izraz govori da svoju sopstvenu vrednost od rođenja upoznajemo u ogledalu drugih. Ako se mama smeši, dete se oseća dobro i prihvaćeno, ako ga ljutito gleda, oseća se loše i odbačeno. Ovo uslovljavanje ostaje nam za ceo život.

Zbog toga je važno da razdvojimo činjenice i tumačenja. Činjenice se mogu objektivizovati uz pomoć drugih ljudi. Ako nam se koleginica na poslu pri pozdravu ne osmehne i samo klimne glavom, ovo njeno ponašanje uočavaju i treće osobe. Sada je pitanje kako ću ja njeno ponašanje protumačiti. Je li imala loš dan? Boli li je glava? Da li je veoma zatvorena osoba? Da li se izgubila u svojim mislima? Je li ljuta na mene? Ili ne ume baš najljubaznije da se ponaša?

Molim te da potražiš neku situaciju iz svog života u kojoj imaš neki problem/sukob s drugom osobom i da analiziraš na sledeći način.

Ponašanje ______________________________ (ime osobe)

Moje tumačenje njenog/njegovog ponašanja:

Koja moja principijelna uverenja odgovaraju tom tumačenju?

Kako se osećam kad tako mislim?

Potraži bar tri alternativna objašnjenja za ponašanje osobe o kojoj je reč:

Uz pomoć ove strukture možeš, naravno, da analiziraš i druge situacije. Što češće to budeš radio, sve lakše će ti padati da svoje lično tumačenje razlikuješ od činjenica.

Izvuci sebe iz ogledala sopstvene vrednosti

A sada ćemo krenuti prečicom kako bismo se oslobodili ogledala sopstvene vrednosti, koje pripada projekcijama. Radi se o tome da ponašanje druge osobe ostavimo njoj – i da ga ne povezujemo uvek sa sobom. To važi čak i za tako teške situacije kao što su raskidi. Mnogi koje je, recimo, napustio partner koji se bojao vezivanja svojim razumom znaju da ta druga osoba nije u stanju da trajno uđe u bliske veze. Ali dete senke u njima uprkos tome oseća: „Joj, on/ona me neće!" Tu nas u punom obimu udara naša duboka uslovljenost osećanjem sopstvene vrednosti u ogledalu. Ljubavni jadi nas tako izuzetno satiru jer se osećamo odbačenim i mislimo da smo zakazali. A stvari uglavnom stoje tako da smo u vezi stvarno i pravili neke greške. Možda smo bili previše zahtevni i komplikovani, ili suviše cmizdravi i previše smo se kačili za partnera. Možda nas onaj drugi napušta i zato što smo ga najdublje uvredili, recimo time što mu nismo bili verni. I naš um, dakle, misli: „Ja sam kriv – da nisam bio tako… partner bi danas možda još bio sa mnom." Možda je čak i tako. Uprkos tome, to ništa ne govori o našoj vrednosti, već u najboljem slučaju govori nešto o našem ponašanju. Moj cenjeni kolega Jens Korsen uvek kaže: *Ti si blistava zvezda – od samoga rođenja!* Ali ponekad se *ponašaš nepošeljno* – da, sa „š", to zvuči smešnije i ne tako strogo. Ako možemo da preuzmemo odgovornost za svoje nepošeljno ponašanje, u stanju smo da se dalje razvijamo i rastemo. Mi time preuzimamo odgovornost *za svoj udeo u vezi.* Ako odatle učimo, imamo dobrih izgleda da u narednoj vezi budemo srećni.

Ljubavne veze, međutim, uvek pokazuju i svojevrsnu dinamiku: ako je veza komplikovana, to, nažalost, deluje kao đubrivo koje podstiče rast našeg deteta senke (i partnerovog). Ako smo skloni impulsivnosti, u toj vezi ćemo stalno da besnimo, a ako smo skloni melanholiji, u toj ćemo vezi postati depresivni itd.

Zbog toga je veoma važno da vežbamo da *svoj udeo odvojimo od udela partnera* u interakciji ili u vezi. Samo tako možemo da se oslobodimo upletenosti. Ovo, naravno, važi za sve veze i odnose, a ne samo za one partnerske.

Molim te da pređeš na treću poziciju opažanja, dakle svog odraslog, i da misliš na nekog čoveka koji te je svojim ponašanjem uvredio (ne mora obavezno da se radi o ljubavnoj vezi). Svojim unutrašnjim okom ga posmatraj sasvim iz daljine.

1. Molim te da proanaliziraš, koliko god možeš, šta je njegov udeo u tom ponašanju. Njegovo ponašanje i njegov udeo u potpunosti ostavi njemu. Između vas dvoje postavi stakleni zid da bi se vizuelno odvojio od upletenosti.

2. Molim te da analiziraš svoj udeo i da ga ostaviš sasvim kod sebe, tako što ćeš preuzeti odgovornost za njega. Možda i nećeš naći sopstveni udeo, pa onda samo drugome ostavi njegovo ponašanje.
3. Analiziraj da li njegovo ponašanje *stvarno* govori nešto o tvojoj sopstvenoj vrednosti. Ili o tome da si možda i ti delimično doprineo tom sukobu (ili neuspehu te veze ili odnosa).
4. Pusti da se na tebe i tvoje dete senke izliju sva toplina i sunce.

U svom svakodnevnom životu uvek pokušavaj da razdvojiš sopstveni udeo i udeo partnera/sagovornika. Uvek pazi da svoj osećaj sopstvene vrednosti ne činiš zavisnim od načina ponašanja svojih bližnjih. Izvuci sebe iz ogledala sopstvene vrednosti.

Svakodnevne strategije za dete senke

Vežbe koje sam ti dosad pokazala zahtevaju da sebi obezbediš vremena da bi ih radio. One služe dugoročnom isceljenju tvoga deteta senke. U svom svakodnevnom životu, međutim, nemaš uvek vremena da sa svojim detetom senke vodiš duge razgovore, ili da zauzimaš sve tri pozicije. U nezgodnim svakodnevnim situacijama, u kojima sebe hvataš na delu i vidiš da je tvoje dete senke aktivno, potrebne su ti kratke intervencije da to regulišeš. Ovde ću ti dati nekoliko zgodnih svakodnevnih strategija, pri čemu taj spisak ni u kom slučaju nije potpun – mirno pusti na volju svojoj mašti i kreativnosti i pronađi svoje sopstvene strategije. Važno je da za sebe utvrdiš nekoliko ličnih strategija, najbolje će biti da ih i zapišeš da bi ih u svom svakodnevnom životu uvek imao pri ruci i da ne bi morao dugo da razmišljaš.

Dobre rečenice

Kratke, ohrabrujuće rečenice često su dovoljne da se dete senke umiri i da pređe u drugo stanje. Ako, na primer, sebe uhvatiš da uvređeno reaguješ na neku malu kritiku, možeš svome detetu senke da kažeš: „Ma hajde, dobro je. Sasvim smo u redu, iako smo napravili neku malu grešku!“ Ili ako sebe uhvatiš kako osećaš da je neka osoba nadmoćna nad tobom: „Hajde, zlato moje, pa to nije mama/tata, a mi smo danas veliki i na ravnoj smo nozi s drugima!“

Ponekad pomaže već i ako svoje dete senke pomaziš po glavi da bi ga ohrabrio, ili ga uzmeš za ruku.

Molim te da razmisliš o tri tipična svakodnevna okidača za svoje dete senke i da za svaki od njih navedeš jednu ohrabrujuću rečenicu ili gest.

____

____

____

____

Okidač 1.

Neko me moli za neku uslugu, a ja odmah imam osećaj da ne mogu da kažem *ne*. Iznutra besnim, mada sam spolja ljubazna.

Ohrabrujuća rečenica: Drugi smeju da hoće sve, pa i od tebe – ali i ti isto tako možeš da se založiš za svoje potrebe i da dobro brineš o sebi.

Okidač 2.

Mihael me kritikuje, a ja odmah osećam da sumnja u moju ljubav.

Ohrabrujuća rečenica: O, opet je tu ono staro osećanje da nisi voljena. Siroto dete senke. Ali slušaj, Mihael je prosto samo loše raspoložen. To nema nikakve veze s njegovom ljubavi prema meni.

Okidač 3:

Neposredno pre odlaska na džoging napuštaju me hrabrost i volja.

Moja glavna misao: „Ma, to ništa ne vredi: debela sam i lenja."

Ohrabrujuća rečenica: Da znam. Brzo stekneš osećaj da to ništa ne vredi. Ali znaš šta: obećavam ti da će ti izlazak napolje prijati.

Jasni iskazi

Može da pomogne i ako sa svojim detetom senke ponekad postupaš strože, zato što ono ume da se izgubi u samosažaljenju. To je, recimo, često slučaj kod ljubavnih jada. Ali i onda kada se dete senke previše zavuče u svoja osećanja, recimo strah, jasne reči mogu da budu lekovite. I pravoj deci su, naposletku, u životu ponekad potrebne jasne granice. Ako, dakle, sebe uhvatiš u svojoj negativnoj misaonoj spirali i scenarijima straha, možeš sebi i strožim tonom da kažeš: „Dobro, a sad je dosta! Nisi ti jedina osoba koja se oseća loše!“; „A sad više prestani s tim besmislicama, uvek stara pesma!“; „Tvoje bojazni se još nikad nisu ostvarile, ti si glas moga straha, loš si savetnik!“ itd.

Napiši bar tri jasna iskaza kojima svoje dete senke možeš da pozoveš na red.

1. ______________________________

2. ______________________________

3. ______________________________

A sada odmah prestani da Sabinu smatraš odgovornom za svoja osećanja!

Mani se tog omalovažavanja drugih! Oni su okej, a i ja sam.

Prestani da se toliko uživljavaš! Samo praviš problem još većim nego što jeste.

Ovo sam već prečesto doživljavao. Dosta je!

Izvor snage

Kao što sam već objasnila u poglavlju „Sunce, svetlost i toplota za dete senke“, slike i predstave imaju ogromnu moć.

Pronađi nešto u svojoj mašti, neku izmišljenu sliku iz koje možeš da izvučeš mnogo snage i koja će na tvoje lično dete senke delovati umirujuće ili će mu popravljati raspoloženje. Ta slika može da bude neki tvoj omiljeni pejzaž, ili neka druga situacija iz prošlosti u kojoj si se osećao snažno i sposobno. Možda bi želeo i da odabereš neku situaciju u kojoj si prosto bio srećan (i koja ti ne budi nikakve tužne uspomene). Možeš i sasvim slobodno da izmisliš neku situaciju, ili da pozajmiš slike iz filmova, bilo da su u pitanju *Ratovi zvezda* ili *Gospodar prstenova.* Važno je da ti ta slika, ta situacija, daje osećaj unutrašnje snage i sigurnosti. Ta slika postaje tvoj lični izvor snage.

Molim te, kreni i iznutra potpuno zaroni u svoj izvor snage. Zaroni u tu sliku svim čulnim kanalima: šta tu vidiš? Koje tonove i zvuke čuješ? Postoji li neki šum? Kako se osećaš? Kako se oseća tvoje telo?

Molim te da pronađeš neku odrednicu za tvoj izvor snage i da ovde nacrtaš simbol tog izvora snage (to slobodno može da bude i sasvim jednostavna skica!):

Ako u svom svakodnevnom životu uhvatiš sebe u modu deteta senke, posegni za unutrašnjom snagom svoga izvora snage, koju u svako vreme možeš da prizoveš u mislima.

Moćne poze

Isto kao i zamišljene slike, na naše raspoloženje neposredno deluje i držanje našeg tela. Naše raspoloženje i naše telo uzajamno utiču jedno na drugo, što su pokazale i brojne psihološke studije. Držanje tela, dakle, možeš da iskoristiš da se vrlo brzo prebaciš iz svoga deteta senke u svoje odraslo *ja*, onako kao što smo to upravo vežbali.

1. Najbolje je da ustaneš i da zauzmeš dobar stav: obema nogama čvrsto na podu, kolena pomalo opuštena. Sada te molim da zamisliš situaciju u kojoj si se osećao sasvim dobro i snažno, recimo dok si se bavio sportom, kad si doživeo neki lični uspeh, ili u nekom veoma srećnom trenutku privatnog života. Možeš, međutim, da izabereš i neki izvor snage (vidi prethodni odeljak) kao sliku.
2. A sada, molim te, obori pogled ili zatvori oči i potpuno se prenesi u tu situaciju. Šta tu vidiš? Koje zvuke čuješ? Da li je prisutan i neki miris, ili neki ukus? Kako osećaš tlo pod svojim nogama? Kakva osećanja se javljaju? Pusti da ta situacija u kojoj si srećan deluje na celo tvoje telo i pritom osećaj svoj dah – kako dišeš kada se osećaš snažnim? Oseti svoja stopala, noge, zadnjicu, trup, ramena i glavu. Kakav je osećaj kada si u jakom položaju? Uspravi se i pronađi držanje tela koje odgovara tom stanju. Ovo držanje je odsad pa nadalje tvoja lična *poza moći.* Molim te da pronađeš odgovarajuću pozu moći koju možeš da zauzmeš i onda kada sediš.

Odsad pa nadalje, kad god sebe uhvatiš u svom detetu senke, pređi u svoju pozu moći, pa će celo tvoje telo znati da si ponovo u svome odraslom *ja*.

Pošto si, nadajmo se, dovoljno ojačao svoje odraslo *ja* i možda već možeš u izvesnoj meri da utešiš svoje dete senke, krenimo dalje, ka tvom sunčanom detetu.

Treći korak
Otkrij svoje sunčano dete

Potencijal neopterećenog deteta za radost, zabavu i zadovoljstvo svi nosimo u sebi u vidu sunčanog deteta, čak i ako taj potencijal tek retko koristimo. Seti se kako si kao dete mogao potpuno da se izgubiš u igri i da se glasno smeješ. Seti se svoje dečje radoznalosti i želje za avanturama. Predoči sebi spontanost i nesputanost s kojima si kao dete posmatrao svet. Razmisli koliko si se kao malo dete malo poredio sa drugima. Osvesti činjenicu da tvoje današnje norme odraslog o tome šta je lepo i ružno, ispravno i pogrešno, uspeh i neuspeh nisu igrale skoro nikakvu ulogu u tvom dečjem razmišljanju. Stvari su bile naprosto takve kakve su bile. Seti se srećnih trenutaka sa svojom porodicom i koliko ti je bilo zabavno s drugovima u igri.

Ako krenemo novim putevima i hoćemo da se oslobodimo starih modela, ne pomaže nam mnogo ako samo odlučimo da nećemo više da verujemo u svoj stari program, već nam je potrebna vizija u šta hoćemo da verujemo *umesto toga.* Potrebno nam je neko ciljno stanje prema kome ćemo da se usmerimo i kojeg možemo da se držimo, potrebno nam je nešto što možemo da stavimo na mesto onog starog. U tom cilju, u tekstu koji sledi ponovićemo vežbanja koja smo radili sa svojim detetom senke – ali ovog puta ćeš otkrivati svoje sunčano dete. Ovoga puta nalazimo *principijelna uverenja koja nas podržavaju i jačaju* i okrećemo se tvojim *jakim stranama.* Pored toga, potražićemo tvoje lične *vrednosti,* koje takođe mogu da ti daju vođstvo, oslonac i usmerenje za nove stavove i načine ponašanja. Naposletku, pokazaću ti put i načine da zdravije i trajnije oblikuješ svoje veze i odnose. Pokazaću ti, dakle, alternativne načine ponašanja za tvoje zaštitne strategije. Njih nazivamo *dragocenim strategijama.*

Hoćemo, dakle, da se sunčano dete u tebi u potpunosti razvije. Ovde se, međutim, neće raditi o tome da, da tako kažemo, „iznova pronađeš sebe“, ili da sebe „ponovo izmisliš“, jer je većina toga u tebi već dobra i ispravna. Hoćemo samo da pozitivno promenimo one stavove i načine ponašanja kojima praviš probleme sebi – a ponekad i svojim bližnjima.

Pronađi svoja pozitivna principijelna uverenja

Za ovu i naredne vežbe potrebni su ti jedan od šablona sunčanog deteta iz dodatka i šarene bojice. Šablon sunčanog deteta, za razliku od deteta senke, treba da bude sav šaren, lep i radostan.

Sunčano dete će biti stanje koje predstavlja tvoj cilj, pa zato treba i vizuelno da bude veoma privlačno. Lepota je nešto što nas ljude privlači, motiviše i budi u nama želju za novim iskustvima. Neka, dakle, tvoje sunčano dete bude tako lepo kao da hoćeš da osvojiš neku nagradu na takmičenju iz crtanja (ili slikanja). Nacrtaj mu i lice, kosu i ukrasi ceo list po svojoj želji i ukusu. Ali, molim te, pazi na izbor boja jer u sunčanom detetu i oko njega moramo još i da ispisujemo stvari. **Mihael ti ovde ponovo služi kao primer; njegovo sunčano dete pronaći ćeš na unutrašnjoj strani zadnje korice.**

A sada ćemo pronaći tvoja pozitivna principijelna uverenja. To radimo u dva koraka: kao prvo, pogledaćemo koja si pozitivna principijelna uverenja preuzeo od svojih roditelja, ili drugih osoba koje su brinule o tebi, a kao drugo, ključna principijelna uverenja koja si pronašao kod svog deteta senke preokrenućemo u njihovu pozitivnu suprotnost.

Pozitivna principijelna uverenja iz detinjstva

Ako ti je odnos s roditeljima bio dovoljno dobar da hoćeš da ih imaš na slici svog sunčanog deteta, levo i desno od glave šablona sunčanog deteta ispiši mama i tata, ili imena kojima si zvao osobe koje su brinule o tebi, onako kao što smo to uradili kod deteta senke, a ovog puta razmisli koje dobre osobine su imali. Šta su radili kako treba? Molim te, napiši to.

Ako nećeš da tvoji roditelji budu na slici tvog sunčanog deteta jer ti je odnos s njima previše težak, ili je to bio, izostavi ovaj deo vežbe. Možda bi želeo da zapišeš samo jednog roditelja. Ili ćeš radije tu staviti neku baku, dragu susetku ili nastavnicu punu razumevanja, nekoga ko ti je u detinjstvu pružao toplinu.

Ako si zapisao dobre osobine svojih roditelja ili drugih osoba koje su brinule o tebi, najpre uđi u sebe i oseti: koja si pozitivna principijelna uverenja dobio od njih? Mada ti sada možda na um pada mnogo pozitivnih principijelnih uverenja, hoćemo da zapišemo samo jedno, najviše dva, iz prostog razloga što hoćemo da veoma ograničimo broj principijelnih uverenja u sunčanom detetu kako bi ti svakodnevno lako i brzo bila na raspolaganju. Evo jednog spiska primera pozitivnih principijelnih uverenja.

POZITIVNA PRINCIPIJELNA UVERENJA

O meni brinu!
Vole me!
Vredim!
Dovoljan sam (zadovoljavam)!
Podržavaju me!
Dobrodošao sam!
Mogu da se zasitim!
Dobijam dovoljno!
Pametan sam!
Lep sam!
Imam prava da se radujem!
Smem da pravim greške!
Zaslužujem sreću!
Život je lak!
Smem da postojim!
Smem ponekad da budem i na teretu!
Smem da se branim!
Smem da imam svoje mišljenje!
Smem da osećam!
Smem da se razgraničim!
Ja to mogu!
itd.

Molim te da jedno principijelno uverenje koje si dobio od svojih roditelja, ili neke druge osobe u svom detinjstvu, zapišeš u stomaku svog šablona sunčanog deteta.

____

____

____

____

Preokretanje glavnih principijelnih uverenja u njihovu suprotnost

A sada, molim te, uzmi ključna negativna principijelna uverenja koja si prepoznao i uočio na str. 24. Sada hoćemo da ih preokrenemo u njihovu pozitivnu suprotnost. Za principijelna uverenja kao što su: „Bezvredan sam!“ ili: „Ne zadovoljavam!/nisam dovoljan!“ prosto se nameće obrnuto principijelno uverenje: „Vredan sam!“ ili: „Dovoljan sam!/Zadovoljavam!“ Ima, međutim, i principijelnih uverenja koja je teško preokrenuti. To je posledica okolnosti da kod pozitivnih principijelnih uverenja nećemo da imamo negacije kao što su recimo „ne“, ili „ništa“. Zato, recimo, ako imamo principijelno uverenje; „Ja sam odgovoran za tvoju sreću!", obrnuto principijelno uverenje nije: „Ja *nisam* odgovoran za tvoju sreću."

Ovo „nisam" je za podsvest suviše komplikovano jer je teško da se na nešto ne misli. Ako ti, recimo, sada kažem: „Molim te nemoj da misliš na malu tigrastu mačku", automatski ćeš pomisliti baš na nju. Suprotnost od: „Ja sam odgovoran za tvoju sreću!" mogla bi da glasi: „Smem da se razgraničim", ili: „Smem da radim ono što ja hoću."

Isto važi i za principijelno uverenje: „Ja sam kriv!", koje mnogi nose u sebi.

Osnovno osećanje da su krivi lako se razvija kod ljudi koji se osećaju previše odgovornim za raspoloženje i probleme svojih bližnjih. Oni su obično još kao deca preuzeli odgovornost za uspešnost svog odnosa s roditeljima. Preokretanje ovog principijelnog uverenja u svoju suprotnost moglo bi da glasi: „Smem da se razgraničim", što u sebi sadrži i stav da se partneru u interakciji vraća odgovornost za njegova osećanja i probleme.

Preokrenuto principijelnog uverenje: „Na teretu sam!" glasi: „Smem ponekad da budem na teretu!" Naposletku, ne može se izbeći da drugim ljudima ponekad možda predstavljamo i opterećenje, recimo ako smo bolesni i potrebna nam je pomoć. Slično je i sa principijelnim uverenjem: „Ponekad smem i da pogrešim!"

Pozitivna principijelna uverenja trebalo bi, sem toga, da budu formulisana tako da budu i prihvatljiva. Nekima je, na primer, previše ako umesto; „Ja sam ružan!" hoće da prihvate principijelno uverenje: „Ja sam lep!" Njima savetujem da tu ubace jedno „dovoljno". Dovoljno, dakle: „Dovoljno sam lep!" Ili: „Dovoljno sam dobar!"

Da bi ti tvoja principijelna uverenja bila prihvatljivija, možeš malo i da ih ograničiš. Ako ti se, recimo, čini da je principijelno uverenje: „Ja sam važan!" preterano i nedovoljno prihvatljivo, možeš da dodaš: „za svoju decu/prijatelje/roditelje, partnera". Svoja nova principijelna uverenja formuliši tako da imaš dobar osećaj dok ih izgovaraš.

Ja sam superiška!

Na jednom od mojih seminara, učesnica po imenu Katja je, kao svoje principijelno uverenje, izrekla: „Ja sam superiška!" Svi smo se gromko nasmejali. Ova formulacija je upravo genijalna za sunčano dete jer odmah stvara dobro raspoloženje. A upravo to dobro i povišeno raspoloženje potrebni su nam, zapravo, ako hoćemo da dospemo do resursa svog sunčanog deteta. Osećaj se, dakle, slobodnim da svoja pozitivna principijelna uverenja formulišeš i pomalo blesavo i smešno jer sunčano dete to voli.

A sada, molim te, svoja ključna pozitivna uverenja upiši u svoj šablon sunčanog deteta.

Ojačaj sebe

Za pozitivna principijelna uverenja ima mnogo više razumnih argumenata nego za negativna. Pomoći će ti ako se obratiš svome odraslom *ja*. Pomoći će ti ako svoje odraslo *ja* upitaš koji argumenti odgovaraju tvojim novim principijelnim uverenjima. Zapiši, dakle, svoja ključna pozitivna uverenja, a takođe i argumente koji odgovaraju njihovoj istinitosti.

1. Obilato dobijam. Danas sam odrastao i mogu sam o sebi da brinem. Mogu, dakle, sebi obilno da priuštim nešto ako to želim. To ne mora ni da bude nešto skupo, recimo da idem češće u šetnju. I Sabina je mila i brine da mi bude dobro. A imam i stvarno dobre prijatelje, koji mi žele dobro. Pored toga, živim u blagostanju. Dakle, stvarno ne mogu da se žalim.
2. Važan sam: važan sam podjednako kao i drugi ljudi. U svakom slučaju, važan sam samome sebi, ali i svojim roditeljima, svom bratu, Sabini i svojim prijateljima. A ni šef me se ne bi rado odrekao.

Oseti svoje sunčano dete

U narednom koraku želela bih da te pozovem da se intenzivno okreneš svom sunčanom detetu i da ga fizički osetiš.

Molim te, zatvori oči i usmeri svoju pažnju ka unutra. Pazi na svoj dah. Dozvoli sebi da udahneš duboko, sve do stomaka. Iznutra sebi izgovori svoja nova principijelna uverenja i oseti kako ih doživljavaš u svom telu. Pusti da se potpuno raširi po tvojoj unutrašnjosti.

Sigurno si u životu već doživeo najmanje jednu situaciju u kojoj je sve to bilo istina, to jest poznate su ti situacije u kojima ti naprosto u celini ide dobro i ne sumnjaš u sebe. Molim te da zamisliš jednu takvu situaciju: možda kada si sa svojim prijateljima, ili s porodicom? Dan na moru, ili na plesu? Kada odeš u šetnju po šumi, ili sviraš? Možda i sam možeš da se setiš neke situacije u kojoj si baš mnogo postigao i bio s pravom ponosan na sebe.

Uđi u tu situaciju svim svojim čulima i još jednom doživi ta dobra osećanja.

Oseti kako tvoja nova principijelna uverenja, u kombinaciji sa tvojom situacijom sunčanog deteta, deluju u tebi i nađi odgovarajuće telesno držanje za to.

Molim te da situaciju svog sunčanog deteta zapišeš nekom odrednicom u ili oko svog sunčanog deteta. I molim te da dobra osećanja koja u sunčanom detetu doživljavaš zapišeš u stomaku svog šablona.

Pronađi svoje jake strane i resurse

Važno je da, pored pozitivnih principijelnih uverenja, budeš svestan i svojih jakih strana i resursa. U *jake strane* ubrajam karakterne osobine i sposobnosti koje su ti često od koristi, na primer, smisao za humor, hrabrost ili dobro snalaženje u društvu. Sada mirno možeš da budeš velikodušan prema sebi: „Ko se hvali, sam se kvari" najgluplja je izreka na svetu. Ako ti teško pada da kažeš nešto dobro o sebi, zamisli koje bi tvoje pozitivne osobine pohvalili tvoji prijatelji.

Pronađi najmanje sedam svojih jakih strana. Ako ti se ovaj zahtev čini teškim, možeš da upotrebiš jedan trik: šta ti pada veoma lako – a često se čudiš što to drugima ne ide podjednako lako? U kojim stvarima od tebe često traže savet, ili se prijatelji i porodica potpuno oslanjaju na tebe. Odgovori na ova pitanja pokazaće ti put ka tvojim jakim stranama.

Evo nekoliko podsticaja da ustanoviš koje jake strane možda žive u tebi:

Duhovit, iskren, odan, spreman da pomogne, inteligentan, kreativan, promišljen, dobro se snalazim u društvu, simpatičan, disciplinovan, privlačan, fleksibilan, tolerantan, zabavan, sportski tip, držim reč, velikodušan, obrazovan, željan znanja, uravnotežen, temperamentan, stabilan, interesantan, pažljiv itd.

Molim te da svoje jake strane upišeš u ruke svog sunčanog deteta.

Sada, molim te, ponovo zatvori oči i usmeri pažnju na svoje telo. Kako svoje jake strane osećaš i doživljavaš u telu? Važno je da svojih jakih strana ne budemo samo teorijski svesni, već i da stvarno možemo da ih osetimo.

Pod *resursima* podrazumevamo one situacije i životne okolnosti iz kojih spolja možeš da crpeš snagu.

Spisak resursa
Dobri prijatelji, nenarušena veza, porodica, deca, dobar posao, dovoljno novca, zdravlje, priroda, muzika, lep stan, domaće životinje, dobre kolege na poslu, putovanja itd.

Molim te da svoje resurse naslikaš ili nacrtaš u boji oko svog sunčanog deteta.

A sada te molim da i svoje resurse osetiš i doživiš u svome telu.

Pronađi svoje vrednosti

Sada ćemo pronaći i tvoje lične vrednosti. Vrednosti mogu da nam pomognu da prerastemo sebe i strahove svog deteta senke. Ako sebi još jednom predočiš zaštitne strategije svoga deteta senke, ustanovićeš da sve one služe tome da se pomalo egocentrično vrtiš ukrug oko sebe samoga jer se tu radi samo o tome da ne budemo povređeni. Ako smo zarobljeni u svojoj samozaštiti, teško možemo da vidimo i razumemo situaciju svog sagovornika ili partnera. Ako se, recimo, štitiš težnjom za harmonijom, pa zato često izbegavaš da govoriš otvoreno, mogao bi da se upitaš da li je tvoje ponašanje fer. Možda misliš da si tako suzdržan da ne bi povredio druge, ali – ruku na srce! – naposletku je tvoje dete senke to koje se plaši odbijanja i štiti, dakle, samo sebe. Sve dok tvoj partner/sagovornik ne zna šta se u tebi događa, nema ni šanse da ti priđe, da zauzme stav ili da ti se eventualno izvini. Neka prijateljstva ili ljubavne veze propadaju zbog težnje za harmonijom, iz prostog razloga što se osoba koja teži za harmonijom iznutra i/ili spolja povlači iz kontakta umesto da govori otvoreno i da time stvori osnovu za razjašnjenje. Više vrednosti, kao što su poštenje, otvorenost ili prijateljstvo, mogle bi, s druge strane, takvoj osobi da daju snagu da prevaziđe strah koji je nagoni da se štiti i da joj omoguće da progovori otvoreno. Time bi i njena veza dobila šansu.

Sigurno imaš mnogo vrednosti koje su ti lično važne. Često, međutim, svojih vrednosti nismo čak ni svesni i primećujemo ih tek kada budu narušene. Pravičnost je, na primer, vrednost koje po pravilu postajemo svesni tek kada je narušena.

Molim te da sada još jednom pogledaš zaštitne strategije svoga deteta senke i da razmisliš koje vrednosti bi mogle da ti pomognu da te načine ponašanja prevaziđeš. Koje vrednosti bi mogle da ti daju snagu i oslonac da prevaziđeš strahove svog deteta senke? Molim te, pronađi tri takve vrednosti.

I ovde može biti od pomoći ako se setiš konkretnih situacija koje si već doživeo. Verovatno ti je nekada već pošlo za rukom da izađeš iz moda deteta senke. Koje vrednosti su tu došle do izražaja? Koje misli – i vrednosti u njihovoj pozadini – su ti pomogle da se izvučeš iz perspektive učesnika?

Da bih te inspirisala za ovaj zadatak, evo i spiska vrednosti:

Spisak vrednosti

Pravičnost, otvorenost, hrabrost, građanska hrabrost, odanost, iskrenost, vernost, odgovornost, autentičnost, ljubav prema bližnjem, prijateljstvo, poverenje, životna radost, blagost, opuštenost, pažljivost, velikodušnost, promišljenost, disciplina, mudrost, obrazovanje, saosećanje, pristojnost, posvećenost, spremnost da se pomogne, poštenje, skromnost, transparentnost, demokratičnost, tolerantnost, sposobnost saosećanja, razumevanje, miroljubivost, blagonaklonost, držanje date reči, ljubav.

Molim te da svoje vrednosti ispišeš iznad glave svog sunčanog deteta – to govori da su vrednosti i stvar koja se tiče glave. Ovde može da ti pomogne tvoje odraslo *ja*.

Molim te da ponovo zatvoriš oči i da osetiš kakvu snagu i kakav oslonac ti tvoje vrednosti daju, i kako više vrednosti mogu da ti ojačaju kičmu.

Sunce za sunčano dete

Sigurno se sećaš dve, to jest tri pozicije opažanja koje smo uvežbali u poglavlju „Ojačaj svoje odraslo *ja*". Sličnu vežbu ćemo sada uraditi sa sunčanim detetom.

1. Molim te, zauzmi neko mesto u prostoru i iznutra se u potpunosti uživi u stanje svog sunčanog deteta, tako što ćeš na površinu izvući svoja pozitivna principijelna uverenja i

svoju situaciju sunčanog deteta. Osećaj sunčano dete i pritom zamišljaj kako te preplavljuju sunčeva svetlost i toplota. Sada se nalaziš na trećoj poziciji opažanja, ali ovog puta ne u svom odraslom *ja*, već u sunčanom detetu. Stvari, dakle, posmatraš spolja i sa odstojanja.

2. Sa ove treće pozicije, sa puno unutrašnje distance, zamisli neki sukob/problem koji imaš s drugom osobom. Pogledaj vas oboje iz daljine, kao da nastupate na nekoj pozornici. A sada u ovu situaciju uključi sve resurse svog sunčanog deteta i posmatraj šta se menja. Kako se menja tvoje opažanje situacije ako je posmatraš očima svog sunčanog deteta? Kako bi ti se u skladu s tim promenila i osećanja, a zatim i tvoje ponašanje?
3. Molim te, zapiši šta si doživeo/iskusio pri ovoj vežbi.

U sledećem poglavlju doći ćemo do dragocenih strategija koje predstavljaju koncept suprotan od tvojih zaštitnih strategija.

Dragocene strategije za sunčano dete

Za razliku od zaštitnih strategija, dragocene strategije jačaju tvoje sunčano dete i tvoje odraslo *ja*. One su koncept suprotan zaštitnim strategijama, dakle konstruktivne su i snaže te. To su jednostavne mere koje te vode do toga da možeš srećnije da oblikuješ svoj život i svoje veze i odnose.

Za dragocene strategije potreban ti je tvoj unutrašnji odrasli da ti razjasni mnoge stvari i da ih – što je najvažnije – sprovede u delo! Ali da se sunčano dete ne bi osetilo zanemarenim, tu sam ugradila i jednu zabavnu vežbu za njega, koju možeš odmah da isprobaš. Neke od zabavnih vežbi su stvarno *blesave* jer sunčano dete ništa ne može da nasmeje tako brzo kao blesavost.

Prve četiri dragocene strategije važe za svu decu senke, one su takoreći univerzalne. Nakon toga navešću dragocene strategije koje su važne pre svega za prilagođenu decu senke, a posle njih one koje čine dobro buntovnoj deci senke. Kao što sam već više puta naglasila, mnogi ljudi poznaju i obe ove strane. Molim te da prilikom čitanja razmisliš koje bi od strategija koje slede želeo da primeniš u budućnosti. Na kraju ćemo ih još i uneti u tvoj šablon sunčanog deteta.

Opšte dragocene strategije

Preuzmi odgovornost i priznaj ono što jeste!

Uglavnom živimo u iluziji da drugi ljudi, događaji i okolnosti izazivaju osećanja u nama. Tako je i Mihael, u našem primeru na početku, mislio da je Sabina kriva za njegov bes jer je zaboravila da kupi kobasicu. A većina ljudi misli i oseća poput Mihaela. Ako je bračni partner ujutro loše volje, to će nas oneraspoložiti. Ako dobijemo neki kompliment, radujemo se. Ako nas kritikuju, uvređeni smo ili ljuti. Ako stojimo u saobraćajnom zastoju, iznerviramo se. Svoja osećanja i raspoloženja često doživljavamo kao nešto što izazivaju spoljna zbivanja, bilo da su u pitanju naši bližnji ili događaji. To opažanje nas navodi na pogrešan put da odgovornim za svoje raspoloženje i za svoje probleme smatramo druge ljude ili sudbinu. Sebe stalno opažamo kao *žrtvu* svojih životnih okolnosti. Činjenica je, međutim, da smo mi sami ti koji tumačenjem ovih okolnosti i svojim mislima sebe podižemo ili spuštamo. Zbog toga bi trebalo da prestanemo da čekamo da se „tamo napolju" desi nešto što će nas učiniti zadovoljnijim i srećnijim. Ništa nam ne donosi ni ako svoje dete senke hoćemo da iscelimo *spolja*, tako što jurimo za tuđim priznanjem.

Neophodan preduslov za to da svoj život, veze i odnose uobličimo kao srećne jeste da budemo sto posto odgovorni za svoje odluke, misli, osećanja i postupke. Ako stojimo u saobraćajnom zastoju, možemo da mislimo: „Da, ja sam to hteo. Naposletku, kupio sam automobil i time sam se opredelio za mogućnost da stojim u saobraćajnom zastoju." Ako nam je partner loše raspoložen, mogli bismo da pomislimo: „Da, ja sam to hteo – odabrao sam upravo tog partnera." Ako smo sami nečim doprineli da partner bude loše raspoložen, i to možemo sebi da priznamo i da se ponašamo tako da mu se raspoloženje popravi. Ako nas deca nerviraju, možemo da kažemo: „Da, ja sam to hteo – time što sam dobio decu odlučio sam se za mogućnost da mogu da me nerviraju!" Ako vaga pokaže da imam previše kilograma, mogu da kažem: „Da, to sam ja hteo, naposletku, sam sam nabacio ovo salce na stomaku." Ako je, naprotiv, za moju muku kriv neki udarac sudbine, na to ne možemo lako reći: „Da, ja sam to hteo." U tom slučaju, možda možemo da kažemo samo: „Da, hoću da budem živ, a sve dok živim udarci sudbine mogu da me pogađaju."

Osnovna ideja ovog radikalnog potvrđivanja i spremnosti da svemu kažemo *da* nije samo preuzimanje odgovornosti za sebe samoga već i rastvaranje svog otpora prema onome što jeste. Otpor nam, naime, odnosi ogromnu količinu energije. Upečatljiv primer koji će vam to očigledno pokazati: čovek sedi u zatvoru i svakog dana se zaleće glavom u zid, vrišti i jadikuje da neće tu da bude – koliko negativne energije ga to košta?

I šta bi se promenilo ako bi umesto toga prihvatio svoju situaciju, tako što bi rekao: „Da, ja sam to hteo – time što sam prekršio zakon odlučio sam se za mogućnost da sedim u zatvoru. Sada ću to iskoristiti na najbolji mogući način!“? Možeš li da osetiš kakva ogromna energetska razlika postoji između prvog i drugog stava?

Molim te da pokušaš da u svom životu pronađeš tri situacije u kojima iznutra istrajavaš u otporu jer ne možeš da prihvatiš ono što jeste. Zapiši ih i pronađi stav prihvatanja za svaku od ovih situaciju – reci *da*. Oseti u sebi kako se na planu osećanja situacija kada si u otporu razlikuje od one kada si u prihvatanju.

1. ______________________________

2. ______________________________

3. ______________________________

1. Da. Za ovu svađu sam ja odgovoran. Bez ikakvih kočnica prepustio sam vođstvo svome detetu senke. A sada moram da se suočim s onim što je odatle proizašlo.
2. Sâm sam se pobrinuo za to da odgovornost za ovaj projekat u sebi ima jednu začkoljicu. Naposletku, svima sam nadugačko i naširoko objašnjavao šta ne rade kako treba – a pritom nisam bio stvarno konstruktivan. Sad ne smem da se čudim ako ne trče da me podrže. Možda mogu ljubazno da ih zamolim da to učine.
3. Svoj bol u kolenu sam izazvao ja sâm. Ne mogu da izdržim nijedan dan bez sporta, mada me je doktor već prošle godine posavetovao da malo manje naporno treniram.

Samo kada nečemu kažeš *da*, možeš to i da promeniš. Time što svoju odgovornost preuzimaš na sebe i potvrđuješ da si većinu situacija u svom odraslom životu sam tražio, možeš da preuzmeš i odgovornost za njihovu promenu. Sve dok odgovornost za svoju nesreću pripisuješ okolnostima, ništa se ne menja. Molim te da razmisliš šta sâm možeš da izmeniš u gornje tri situacije – za svaku situaciju pronađi pet alternativnih mogućnosti postupanja i ponašanja koje su ti na raspolaganju. Tu možeš da navedeš i mogućnosti postupanja koje ti na prvi pogled deluju apsurdno – radi se o tome da pokreneš svoj kreativni potencijal za nalaženje rešenja. Zapiši ih u kratkim crtama:

1. ______________________________

2. ______________________________

3. ______________________________

4. ______________________________

5. ______________________________

Za tvoje sunčano dete: zamisli da si kralj ili kraljica u svom životnom domenu, sedi na stolicu i zauzmi kraljevsku pozu. Zatim zamisli kako stavljaš krunu, kraljevskim glasom izgovori sledeće rečenice i završi tušem (na primer tataratam).

Ja sam gospodar/gospodarica svog života! Tataratam!!!
Ja odlučujem šta hoću, a šta neću, tataratam!!!
Slobodan sam/slobodna sam! Tataratam!!!
Mogu i smem da te (partnera, neku naviku, radno mesto itd.) napustim! Tataratam!!!
Smem da budem ja! Tataratam!!!
Volim svoj život! Tataratam!!!

Nađi još rečenica koje su po meri tvoje situacije. Pritom se stvarno uživi i u potpunosti pusti na volju svojim željama i svojoj mašti.

Uživaj u svom životu i zabavljaj se

Pored svoje odgovornosti da priznaš stvari koje su tu, imaš i odgovornost da se pobrineš da dobro prođeš. Mnogi koji su zarobljeni u zaštitnim strategijama deteta senke premalo uživaju u svom životu. Njihovo dete senke misli da bi smelo da uživa tek ako su svi zadaci obavljeni – ali nekako uvek ima još posla. Ti ljudi se prosto osećaju krivim ako ne rade. Ili ne mogu da uživaju jer ih njihovo dete senke previše vuče nadole kada je reč o emocijama.

Da li možda osećaš premalo radosti i uživanja u svom životu? Ako je tako, koji su razlozi za to? Molim te da ih zapišeš.

S gledišta odraslog *ja* nema razumnih argumenata da ne uživam u svom životu. Po mom mišljenju, čak nam je i dužnost da obezbedimo da nam bude dobro jer nam to podiže raspoloženje, a kad smo dobro raspoloženi, bolji smo ljudi. Što nam je, naime, samima bolje, to velikodušnije i blagonaklonije možemo da gledamo i na druge ljude. Uživanje, međutim, zahteva svest: ako svoje jelo progutam, jedva ću primetiti šta jedem. Ako stalno mozgam i razmišljam, ne opažam lepe stvari u svom okruženju. Ako samo žurim od obaveze do obaveze, ostaje mi malo vremena za uživanje u životu.

Zbog toga vežbaj da opažaš lepe stvari i da uživaš u njima tako što ćeš svojih pet čula usmeriti na ono što upravo jedeš, mirišeš, vidiš ili dodiruješ. To je, kao skoro i sve drugo u našem životu, pitanje lične odluke. Odluči se za to da odsad pa nadalje izoštriš svoja čula i da u svom životu uživaš mnogo svesnije. Važno je da u svakodnevnom životu misliš na to, pa te zato molim da smisliš jedan mali trik, kao što sam ti u odeljku „Racionalizovanje i intelektualizovanje" preporučila da neki komad nakita upotrebiš kako bi te svakodnevno podsećao da stvarno svesno uživaš – bilo da je reč o hrani, lepom pogledu, mirisu ili prijatnom susretu.

Molim te da zapišeš pet stvari u svom životu u kojima bi sada odmah želeo da počneš više da uživaš.

1. ______________________________

2. ______________________________

3. ______________________________

4. ______________________________

5. ______________________________

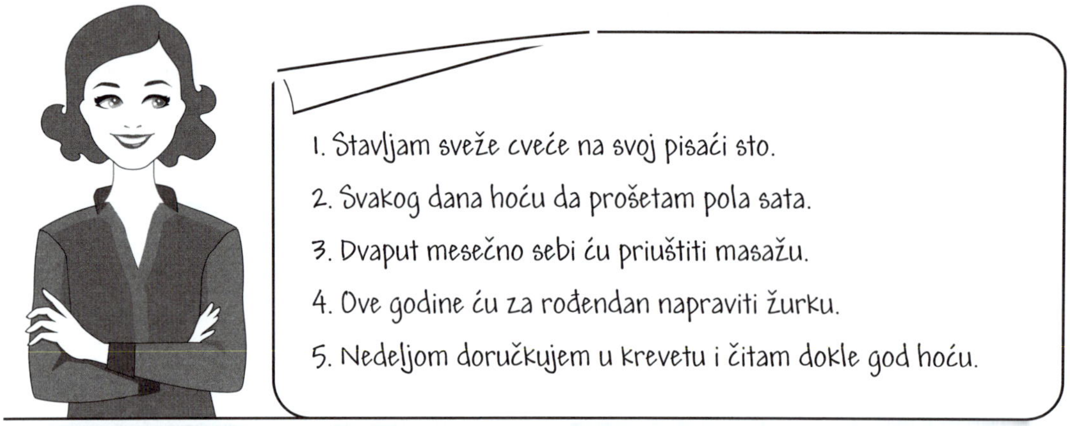

Poduhvati se toga da sebi priuštiš nešto posebno, bilo da je to ukusna hrana, lepa šetnja, kupanje u kadi, odlazak u restoran, buket cveća, duže spavanje itd. Možeš, međutim, i da dozvoliš sebi da neke stvari ne radiš kako bi imao više slobodnog vremena i dokolice. Pokušaj da pri svojoj „terapiji uživanjem" budeš prisutan svim svojim čulima i punom pažnjom.

Za dete sunca: s ljubavlju pomazi sebe po glavi i reci sebi: „Baš sam ponosan na tebe. Dobro si takvo kakvo jesi. Smeš da uživaš u svom životu i da ga živiš punim plućima."

Moja koleginica i dobra prijateljica Julija Tomušat napisala je celu knjigu *Princip deteta sunca* o tome kako dete sunca možemo da navedemo da se smeje – ovu knjigu vam najtoplije preporučujem.

Prevaziđi svoju lenjost

Znam da ovaj podnaslov, posle prethodnih poglavlja, dolazi kao nešto što može da pokvari raspoloženje. Ušima sunčanog deteta disciplina i struktura zvuče megadosadno. One su, međutim, verovali ili ne, najbolji garant uspešnog i ispunjenog života.

Mi ljudi smo životinje navike i moramo tu okolnost da iskoristimo kako bismo svoju svakodnevicu organizovali tako da maksimalno štedimo energiju.

Lenjost je jedan od naših najvećih otpora kada se radi o uobličavanju našeg života i uvođenju promena.

Svakom čoveku potrebni su spoljni podsticaji i čvrsta struktura dana da bi mogao da funkcioniše. U nekoj aktivnosti najlakše ostajemo ako s njom uopšte i ne prekidamo. Ponedeljak nije najgori dan u nedelji stoga što nas suočava s visokim zahtevima, nego zato što je kontrast u odnosu na vikend tako veliki. Da bismo savladali ponedeljak potrebno nam je mnogo više *podsticaja* nego u utorak. Rad nam još lakše pada u sredu, a u petak ne možemo više ni da zamislimo zašto smo se zapravo u ponedeljak osećali tako loše. Isto je i sa drugim našim aktivnostima, bar ako u izvesnoj meri zahtevaju napor i prevazilaženje sebe. Što ih redovnije obavljamo, lakše nam padaju.

Zbog toga je jasna struktura dana najbolja preventiva protiv lenjosti.

Ako već ionako imaš jasan dnevni i nedeljni plan, molim te samo da ispuniš ove kolone. Misli, molim te, na to da ovde treba da uneseš i svoje aktivnosti vezane za slobodno vreme, zabavu i uživanje. U dodatku ćeš pronaći i dva šablona nedeljnog plana.

Pon.	Ut.	Sr.	Čet.	Pet.	Sub.	Ned.
...	...	...	...	...	...	...

Sunčano dete: oboj svoj nedeljni plan prelepim šarenim bojama i izmisli male simbole za pojedine aktivnosti.

Čini dobro!

Kao što neumorno naglašavam, u životu se ne radi samo o tome da čovek bude srećan i zadovoljan samim sobom već i o tome da što više promišlja i osvešćuje i da postane što bolji čovek. Mnogo je onih koji se previše bave svojom samozaštitom i pritom nešto gube. Zbog toga je uvek – za svakoga od nas – važno da relativizujemo sebe i da malo pogledamo i preko ivice svoga tanjira. Ništa ne koristi ako se čovek oseća pogođenim zbog loših vesti u svetu, ili zbog krize u nekom bližem okruženju, već bi u okviru svojih mogućnosti trebalo nešto i da preduzmemo kako bismo to stanje popravili. „Nema ničega dobrog osim onoga što čovek uradi", izreka je koja je u svojoj jednostavnosti prosto genijalna. Time što se trudimo da budemo bolji ljudi i da činimo dobro možemo da prerastemo sebe i da doživimo prijatnu promenu u odnosu na svoju brigu za sebe same. Činjenje dobra nas, naime, čini srećnim. Istraživanja neuropsihologa su čak i dokazala da altruistična dela u mozgu oslobađaju više neurotransmitera za sreću nego čokolada ili seks.

Ali pre svega deca senke koja u sebi nose principijelno uverenje: „Ostajem prikraćen!" često suviše sitničavo shvataju odnos davanja i primanja.

Molim te da razmisliš o svom odnosu prema novcu i materijalnom blagostanju. Ruku na srce: dopušta li ti tvoj budžet da redovno daješ novac nekoj dobrotvornoj organizaciji? A ako to već radiš, da li bi mogao da daš i malo više? Da li si dovoljno velikodušan prema svojim prijateljima, porodici i onima čije usluge koristiš? Ako moraš sebi da priznaš da si sklon tvrdičluku, čega se tvoje dete senke boji. Zapiši to ovde:

A sada, molim te, uđi u svoje odraslo *ja*, dakle u treću poziciju opažanja. Da li ti tvoj tvrdičluk stvarno pomaže? Molim te da ovde zapišeš do čega si došao:

Ima li ljudi u tvom okruženju kojima bi mogao da učiniš neku uslugu? Ako ih ima, koji su?

____

____

____

____

Isplaniraj tri konkretna dobra dela:

1. ____________________________________
2. ____________________________________
3. ____________________________________

Za sunčano dete: Iznenadi neku osobu po svom izboru malim poklonom i/ili dobrim delom.

Oblikuj svoje veze i odnose i svoj život

Kao što sam već napisala u odeljku „Vezivanje i autonomija", naša sreća i nesreća vrte se oko naših međuljudskih odnosa i veza. Da bismo svoj život oblikovali po sopstvenoj želji, moramo da naučimo da se založimo za sebe – ponekad i nasuprot mišljenju i volji druge osobe. A da pritom ne bismo postali usamljeni, i da bismo ipak mogli da živimo u dobrim vezama i odnosima, moramo umeti i da se prilagodimo i vežemo. Onaj kome oboje polazi za rukom dobro prolazi u životu i po pravilu je i podnošljivija i odgovornosti svesnija osoba. Ali, kao što sam već više puta naglasila, mnogima ne polazi za rukom da uspostave i održe dobru ravnotežu između ovih potreba: moraju da nauče da se bolje razgraniče, dakle da se više založe za sebe, ili pak moraju da vežbaju prilagođavanje i saradnju. Zbog toga sam dragocene strategije koje slede uredila prema ovim nadređenim kriterijumima.

Statistički gledano, žene su više sklone da se previše prilagođavaju, dok je većina muškaraca više sklona da se štiti preteranim razgraničavanjem. Ovo je povezano s našim genima i s podelom uloga u ranijim fazama razvoja čovečanstva, kao i sa načinom na koji se muškarci vaspitavaju. Naravno da ima i dosta žena koje su više na strani autonomije, a i muškaraca koji su pretežno skloni prilagođavanju. U našim primerima sam se, međutim, rukovodila statistikom, pa zato na stranama koje slede Sabina uči kako da se bolje razgraniči, a Mihael kako da se više prilagodi.

Dragocene strategije za prilagođeno dete senke

Nauči da se razgraničiš

Dete senke ljudi koji se previše prilagođavaju uvereno je da ne sme da razočara. Ono živi u hroničnom strahu da će zakazati i biti odbijeno. Tipična principijelna uverenja su: „Nisam dovoljan!“, „Ne smem da razočaram!“, „Ne smem da se branim!“, „Moram da budem mio i dobar!“, „Moram da funkcionišem!“, „Moram da ispunim sva očekivanja!“. U tome se krije strah od samoće i od gubitka ljudskih veza i odnosa. U najdubljoj suštini ovo dete senke misli da ne može stvarno da stoji na sopstvenim nogama. Ovi ljudi se boje sukoba, a da bi ih izbegli, često ne samo da potiskuju sopstveno mišljenje i svoje potrebe već neke sukobe uopšte i ne opažaju. Iz straha da će izgubiti bliskost s drugim ljudima, njihovo dete senke ponekad je previše naivno i poverljivo.

Oseti svoje potrebe

Prvo što prilagođena deca senke smeju da vežbaju jeste da osete sopstvene želje i potrebe. To su se obično odvikla da rade još u detinjstvu jer je sopstvena volja stajala na putu glatkom prilagođavanju. Zbog toga ih često čujemo kako kažu: „Ja ni sâm ne znam šta hoću!“ Da bi uvežbao poznavanje sopstvenih potreba, smeš bar jednom na sat da se upitaš: „Kako se u stvari upravo sada osećam, šta hoću?“ To, naravno, ne znači da svaku želju možeš odmah da ispuniš. To zavisi od situacije i nije uvek moguće. Ti – između ostalog i u kontaktu s drugim ljudima – osećaš sebe. Da to ne bi zaboravio, molim te da staviš neku narukvicu (prsten ili sat) koja će te uvek podsećati da paziš na svoja osećanja čim ti pogled padne na taj komad nakita.

Vežbaj u kontaktu s drugim ljudima – u svojoj glavi – prvu i drugu poziciju opažanja: u prvoj poziciji si na svom mestu, sa svojim željama i osećanjima. Na drugoj poziciji si na mestu druge osobe. Vežbaj da ove dve pozicije stalno menjaš. Naime, što manje gubiš sebe u kontaktu s drugima, to stabilnije sebe osećaš, što opet za posledicu ima da na zdrav i autentičan način možeš da se otvoriš drugoj osobi.

Molim te da ovde zapišeš koje potrebe prečesto potiskuješ to jest uopšte ih ne osećaš. To su često stvari koje čine da posle neke situacije budeš ljut ili neraspoložen. Recimo da posle večere s prijateljem kod kuće osećaš kako u tebi narasta bes: „Uopšte me nije ni pitao kako sam. Baš je neljubazan!"

____

____

____

____

____

Molim te da odgovoriš na sledeća pitanja:
Koliko su moji roditelji uvažavali moje potrebe?

____

____

____

____

Da li je u tvom roditeljskom domu bilo poželjno imati sopstvenu volju?

____

____

____

____

Kako su moji roditelji postupali sa sopstvenim potrebama?

Za sunčano dete: Odredi sebi jedan dan u nedelji, možda nedelju, kada ćeš sebi dozvoliti da radiš i da sebi priuštiš sve što hoćeš.

Možeš da stojiš na sopstvenim nogama

Ispunjavanje sopstvenih želja i potreba preduslov je da čovek može da stoji na svojim nogama. A to, opet, znači da donosi sopstvene odluke. Preterano prilagođeni ljudi previše brinu da ne naprave neku grešku i da ne odluče pogrešno – zbog toga jedna od njihovih zaštitnih strategija često glasi: „Ostaću dete.“ Ako, dakle – slikovito govoreći – hoćeš da porasteš, važno je da sam donosiš sopstvene odluke. A to, naravno, uključuje i mogućnost da doneseš pogrešnu odluku. Zato ti je potrebna izvesna „tolerancija frustracije“, dakle izvesnost da ćeš pogrešnu odluku preživeti. Molim te da pored toga osvestiš i da većinu odluka možeš da promeniš. Ali ako počneš više da paziš na svoje potrebe i da iznosiš argumente uz pomoć svog odraslog *ja*, postaćeš sigurniji u pogledu svojih stavova i tako ćeš donositi mnogo ispravnih odluka. Obrati pažnju i na činjenicu da savršena odluka ne postoji jer uvek donosiš odluku protiv nečega. Zbog toga se i kaže odlučiti. Da bi samostalno donosio odluke potrebno je da se poduhvatiš mnogo toga. Ovde ću to još jednom rezimirati:

1. Pazi na svoje želje i potrebe i preuzmi odgovornost za njih.
2. Pomoću svog odraslog *ja* i/ili svog sunčanog deteta distanciraj se od strahova svog deteta senke, koje ti došaptava da bi mogao da zakažeš.
3. Pronađi argumente za svaku odluku.
4. Donesi odluku – svaka odluka će te povesti dalje na tvom ličnom putu. Iz pogrešnih odluka možemo veoma mnogo da naučimo.

1. U podne više volim da provedem pola sata na svežem vazduhu, umesto da s kolegama sedim u zagušljivoj školskoj kantini. Da, baš je tako!
2. Drago moje dete senke. Odmah se uplašiš da će drugi misliti da si čudno i zahtevno. Ali ja ti kažem, ja sam odrasla i mogu svoj dan da organizujem onako kako želim. Ne može ništa da mi se desi.
3. Pored toga, super je ako sam i uveče dobro raspoložena, umesto da se potpuno premorena sručim na sofu. Mislim da je i za moje učenike dobro ako sa pauze za ručak dođem odmorna.
4. Dva puta nedeljno, ponedeljkom i sredom, ići ću u šetnju. Kolegama ću to naprosto ljubazno reći. Ako hoće da znaju nešto više o tome, mogu da me pitaju. Za početak neću previše da objašnjavam. To samo širom otvara vrata mojoj potrebi da se pravdam. A onda ću pogledati kako mi ide.

Za svoje sunčano dete: uzmi dve kartice ili cedulje. Na jednoj od njih napiši sve razloge za neku odluku koju moraš da doneseš, a na drugoj sve razloge protiv. Obe kartice spusti na pod, tako da možeš da ih gledaš i da prođeš oko njih. Pažljivo hodaj oko njih: svaki put kad obiđeš polukrug oko one strane na kojoj su razlozi *za*, glasno reci sebi: „Razlozi *za*"; kad obiđeš polukrug oko one druge strane, reci sebi: „Razlozi *protiv*." Uđi u sebe i oseti. Prestani tek kada si došao do odluke. Pomoću ove vežbe to ćeš uspeti kroz igru.

Smeš da razočaraš

Onaj ko ne sme da razočara ne sme ni slobodno da odlučuje. Dete senke veoma je zavisno od odobravanja roditelja i drugih ljudi. Zbog svojih dubokih strahova od odbacivanja ono bi najradije ispunilo sva njihova očekivanja. Ali ako sam zaokupljen time da ispunim sva očekivanja svojih bližnjih, ne mogu da idem sopstvenim putem. Pored toga, ja odgovornost za svoje ponašanje prenosim na druge jer radim ono što oni navodno hoće, a time napuštam deo svoje autonomije. Strahovi deteta senke da će razočarati druge ljude uglavnom su difuzni, a odrasli koji uz ovakvo dete senke ide često ne promišlja stvar do kraja. Pitanje šta bi zapravo moglo da se desi u najgorem slučaju ovde je veoma značajno.

Molim te da zabeležiš tri važne veze ili odnosa u kojima se bojiš da ćeš razočarati, a uz to napiši i šta u najgorem slučaju može da se desi.

1. ______________________________

2. ______________________________

3. ______________________________

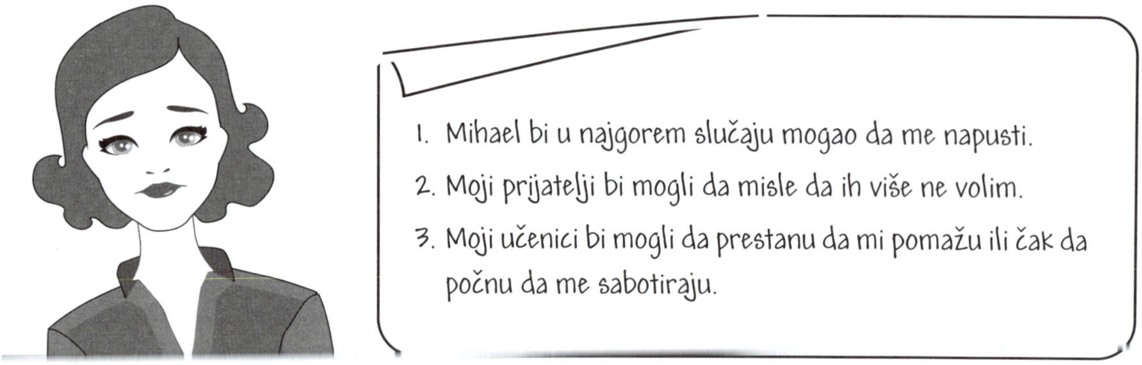

1. Molim te da odabereš jednu od ovih veza ili odnosa. Zaputi se na mesto u prostoriji na kome potpuno ulaziš u dete senke, dakle u perspektivu učesnika, i pusti dete senke da glasno govori o svojim strahovima i bojaznima. Veoma dobro oseti kako se ono oseća kada tako misli.
2. Odbaci od sebe sva osećanja koja te opterećuju i svesno pređi na odraslo *ja*.
3. Zaputi se na drugo mesto u prostoriji i uveri svoje dete senke da si ga čuo i razumeo. Reci mu da ti, njegovo odraslo *ja*, sada preuzimaš odgovornost za njega. A zatim sasvim racionalno i konkretno analiziraj verovatnoću i istinitost bojazni svoga deteta senke. Pronađi razumne argumente koji govore protiv scenarija strave i užasa. Ako razumni argumenti govore da će se najgori scenario ostvariti, recimo da će biti mnogo nevolja s nekom određenom osobom ako ubuduće budeš gledao svoja posla, molim te da odgovoriš na pitanja da li zaista hoćeš da istraješ u tome i da li je prilagođavanje vredno tvoje slobode.
4. Izoštri maksimalno svoj pogled, tako da možeš da prepoznaš i vidiš da se kod tvog deteta senke radi o nepovoljnim utiskivanjima koja si poneo iz roditeljskog doma. O nekoj vrsti

fantoma. Analiziraj to utiskivanje. Naposletku zamisli da si trener svoga deteta senke. Koji savet mu daješ? Odsad pa nadalje ti odrasli, tvoje odraslo *ja*, vladaš zbivanjima, utoliko što slediš sopstveni savet.

Tako možeš da postupiš i sa svim ostalim vezama i odnosima.

Za svoje sunčamo dete: Ja sam … (nazovi sebe imenom ili nekim nadimkom od milja) … Ja radim šta ja hoću… Ja idem svojim putem… Ja smem da odlučujem… Ja nisam na ovom svetu da ispunjavam tvoja očekivanja, smem da budem ja! Ha, ha, ha, eto ti ga na!!!

Nauči da kažeš *ne*

Ako sme da razočara, čovek ponekad sme i da kaže *ne*. Dete senke rado projektuje u glave svojih bližnjih razočaranje ako odbije neku njihovu molbu, ili ako postupi po svojoj sopstvenoj želji. Zbog toga ove osobe često govore *da*, mada zapravo misle *ne*, da bi umirile siroto dete senke. To im, međutim, uglavnom donosi samo stres i loše raspoloženje, a nekima čak i sindrom sagorevanja na radu. A pritom svi koji uče da češće kažu *ne* stiču iskustvo da njihovi bližnji uglavnom nemaju problem s tim ako ih odbiju, to jest ako jednom i ne dignu dobrovoljno dva prsta kada treba podeliti zadatke. Oni stiču iskustvo da je energetsko polje mnogo bolje ako preuzmu veću odgovornost za svoje želje, utoliko što će ponekad neku molbu i odbiti. To, sa svoje strane, vodi boljem raspoloženju. A naučili smo da je naša dužnost da se pobrinemo za svoje dobro raspoloženje jer smo tada i bolji ljudi. Ljudi koji ne umeju da postave svoje granice nemaju, naime, dobar osećaj ni kad kažu *da* ni kad kažu *ne*.

Molim te zapiši neku situaciju u kojoj si rekao *da* umesto *ne*, i molim te da zapišeš razumne argumente *s kojim pravom* bi onaj koji te je to zamolio mogao da bude ljut na tebe da si molbu odbio? Možeš i da zapišeš argumente koji govore u prilog zaključku da molilac nije imao pravo da se na tebe ljuti.

___

___

___

___

Za sunčano dete: Reci sebi reč *ne* na različitim jezicima i dijalektima i zabavljaj se izgovaranjem svega toga i ovom jezičkom igrarijom.

Diskutuj i iznesi argumente

Ljudi koji svoje dete senke štite tako što se prilagođavaju i teže harmoniji radije puštaju da ih usmeravaju događaji i slučajnosti nego što postavljaju ciljeve i uklanjaju sebi prepreke s puta. Za ciljeve bi im bila potrebna jasna vizija, a ona im često nedostaje jer su se celog života upravljali po drugima umesto prema sebi. Još jedan razlog njihove pasivnosti, kada je reč o oblikovanju života, veza i odnosa, jeste njihovo zaziranje od sukoba. Oni žive u iluziji svoga deteta senke da veze i odnose moraju da trpe umesto da utiču na njih. Oni ne deluju već *reaguju*. Njihovo prilagođavanje odvija se po cenu samopotvrđivanja. Često su toliko navikli na to da se učtivo prilagođavaju sagovorniku, ili partneru, da im čak ni na pamet ne pada da bi mogli da izraze svoje stavove i potrebe. Uvek se zapanjim koliko mali impuls neki ljudi osećaju da se naprosto ponekad brane. Samoodržanje ljudi koji zaziru od sukoba često se pretače u pasivni otpor, koji se neretko okončava povlačenjem, begom ili prekidom kontakta s potencijalnim partnerom u sukobu.

Kada je reč o sukobu, mnogi razmišljaju u kategorijama kao što su *slabiji/nadmoćan* i *pobediti/izgubiti.* Njihovo dete senke zabrinuto je da će doći u slabiji položaj. Molim te da umesto toga kod sebe stvoriš stav da se radi o tome da se u nekoj stvari zajednički napreduje. Ako nekome daš za pravo tamo gde je zaista u pravu, time nisi izgubio, već si dobio.

Molim te da u ovoj vežbi pomisliš na sukob s nekom osobom koji tinja – bilo zato što ste se zbog toga nekada već sukobili ili zato što se još nikad nisi usudio da ovoj osobi otvoreno saopštiš svoje mišljenje.

1. Molim te da sasvim svesno uđeš u stanje svog sunčanog deteta. Posegni za svojim novim principijelnim uverenjima, za svojim jakim stranama, i sasvim svesno oseti koja dobra osećanja to u tebi izaziva. Pokušaj, dakle, da dođeš do što boljeg raspoloženja. Ako ti to baš ne polazi za rukom, uključi svoje odraslo *ja* da bi situaciju posmatrao što manje emocionalno.
2. Osvesti činjenicu da i tvoj partner u sukobu u sebi nosi dete senke i da ste vas dvoje na ravnoj nozi. Iz svog ugla proceni svoj odnos sa partnerom u sukobu: osećaš li se nadmoćno nad njim? Ili se osećaš podređeno, slabije? Da li mu ponekad zavidiš? Ili na njega gledaš s visine? Proveri da li ga negativno i iskrivljeno opažaš zbog razloga koji leže u tebi samom. Pokušaj, dakle, da s pažnjom usredsređenom na sebe prepoznaš delove svoga deteta senke u toj situaciji. Na tom mestu može imati smisla da još jednom uradiš vežbu iz odeljka „Razlikuj činjenice i tumačenja" sa strane 70.
3. Drži unutrašnje stanje sunčanog deteta ili unutrašnjeg odraslog i razmisli – najbolje i zapiši – koji argumenti govore u prilog tvom stavu. Razmisli i koje argumente ima partner u sukobu. Ovde možeš da potražiš i savet neke treće osobe. Koji argumenti ti padaju na pamet za jednu ili drugu stranu. Ako si prikupio sve argumente, proveri da li tvoj partner u sukobu možda ima pravo. Ako ima, reci mu da je tako i vaš sukob je rešen. Ako nema, pređi na korak 4.
4. Aktivno postavi situaciju u kojoj bi sa partnerom u sukobu želeo da razgovaraš o toj stvari. Nemoj čekati da se to „nekako desi". Iznesi svoj stav ljubazno i oslanjaj se na svoje argumente.
5. *Pažljivo slušaj* ono što druga strana ima da kaže na tu temu. Uživi se u njene argumente, shvati sagovornika ozbiljno. Osvesti kod sebe u potpunosti sledeće: ne radi se o pobedi ili porazu, već o samoj stvari. Ako sagovornik ima bolje argumente, koji ti spontano deluju ispravno, jednostavno mu reci da je u pravu. Time ostaješ potpuno suveren, a vaš problem je rešen. Ako on ili ona nema bolje argumente, možeš da ostaneš pri svom stavu, ili još bolje, pregovarajte o kompromisu.

Ne moraš strogo da se držiš ovog reda, to je samo model kako možemo da se pripremimo za neophodan razgovor ili raspravu.

Uzgred budi rečeno, kod opravdane kritike postoji samo jedno: da otklonimo greške i da pohvalimo poboljšanja! Tako ćeš biti sposoban za kritiku, a takođe i simpatičan.

Za sunčano dete: Vizualizuj svemirski brod i vidi sebe i svog partnera u sukobu veoma daleko, a Zemlju dole pod vama. Oboje zaronite u toplu sunčevu svetlost. Oseti koliko je sve to nevažno s obzirom na sva zbivanja na našoj planeti i u celom svemiru.

Prepoznaj kada moraš da odustaneš

Rasprava, nažalost, ima smisla samo dotle dok čovek ima sagovornika voljnog da se upušta u iznošenje argumenata, što ni izdaleka nije uvek slučaj. Ako tvoj sagovornik grubo insistira na svom pravu i/ili njegovi argumenti počivaju na njegovim subjektivnim tumačenjima i podmetanjima, ti braniš izgubljene pozicije. Zbog toga je važno da znaš kada moraš da odustaneš. Kada je već o tome reč, ne samo da moraš da ispituješ da li se na činjenicama ili tumačenjima zasnivaju tvoji sopstveni argumenti, što si već vežbao, već na isti način moraš da ispitaš i argumente svoga sagovornika. Ako te, recimo, sagovornik kritikuje, mora ti biti moguće da tu kritiku povežeš sa nekim konkretnim načinom svog ponašanja. Ako to nije slučaj, njegova kritika počiva na subjektivnom tumačenju i tada ne moraš da je primiš kao nešto što se odnosi na tebe. U tom slučaju, verovatno se radi o projekciji njegovog sopstvenog deteta senke na tebe. Osim nedovoljne konkretnosti, sagovornika koji ne promišlja o onome što govori prepoznaćeš i po tome što te ne sluša zaista i što ne razmatra tvoje argumente. U takvim slučajevima važno je da u jednom trenutku staviš tačku i da okončaš diskusiju jer ćeš se inače samo zapetljati s njim. Na tom mestu je veoma važno: izvuci sebe iz ogledala sopstvene vrednosti. Ako se, naime, zapletemo u orgiju pravdanja sa sagovornikom koji grubo insistira na svom pravu, to uglavnom činimo zato što po svaku cenu hoćemo njegovo odobravanje. Da bi se zaštitio od besmislenih rasprava, podigni pred svojim unutrašnjim okom stakleni zid između sebe i sagovornika i zabole te za njegovo priznanje.

Za tvoje sunčano dete: U svojoj mašti ogrni debeo i mek zaštitni ogrtač koji te obavija i štiti. Ako ga imaš na sebi, možeš da prihvatiš opravdanu kritiku a da se ne uvrediš i da i sâm jasnim rečima izrekneš opravdanu kritiku. Sebi precizno naslikaj kako taj ogrtač izgleda i oseti kako ti pruža zaštitu i sigurnost.

Pošto smo izneli ove najvažnije zaštitne strategije za prilagođenu decu senke, sada ćemo dati i neke za buntovnu.

Dragocene strategije za buntovno dete senke

Nauči da se prilagodiš

Ljudi čije dete senke živi u stalnoj brizi da bi njegova autonomija i sloboda mogle da budu povređene često se previše grubo razgraničavaju. Dok prilagođeni često borave na drugoj poziciji opažanja, dakle skloni su da pokažu previše empatije za svog sagovornika, „buntovnici“ su često na prvoj poziciji opažanja, dakle prejako su fiksirani za sebe same. Buntovna deca senke pokazuju slična principijelna uverenja kao i prilagođena. I njihova samozaštita proizilazi iz straha da će doživeti gubitak i zakazati, ali ovakve osobe se od svoga straha brane tako što se utoliko energičnije zalažu za sebe. I njihovo dete senke, naime, u svojoj najdubljoj unutrašnjosti misli da bi moralo da se prilagodi kako bi ispunilo očekivanja drugih. Tu mu, međutim, preti gubitak slobode, od koga se ono prkosno brani. Umesto toga odlučilo je da se osloni samo na sebe.

Razgradi svoj otpor

Deca senke ljudi kojima je potrebno mnogo spoljnih granica često su ostala zarobljena u prkosnom uzrastu. Ona upravo alergično reaguju na očekivanja koja im se postavljaju. Očekivanja u njima brzo izazivaju osećaj da ih tutorišu. Takvi ljudi su kao deca bili previše primoravani da se prilagode roditeljskim očekivanjima. Zato je dete senke odlučilo da nikad više ne dospe u tako podređen i stešnjen položaj kao s mamom i tatom. Da bi dokazala svoju autonomiju, buntovna deca senke upravo *ne rade* ono što se od njih očekuje. Time, međutim, ovakvi ljudi ne bojkotuju samo svoje veze i odnose već pre svega sebe same. Time što odbijaju zahteve i očekivanja svog okruženja, oni na svome putu stvaraju nepotrebno mnogo zaobilaznica i zaustavljanja. Mnogo je i onih koji ostaju ispod svojih mogućnosti u pogledu profesionalne karijere jer njihovo dete senke prkosno odbija da ispuni ono čemu se roditelji nadaju. Mnogi pate i od straha od vezivanja jer je u blizini čvrstog partnerskog odnosa njihova potreba za autonomijom prejako ugrožena. U čvrstim vezama osećaju se kao u zatvoru i strepe za svoju ličnu slobodu. Dok su prilagođeni skloni da budu previše poverljivi, a ponekad i pomalo naivni, dotle one koji se razgraničavaju muče sumnjičavost i nepoverenje. Pre veruju u loše nego u dobro u ljudima.

Molim te da pomisliš na vezu ili odnos s nekom određenom osobom s kojom si često u stanju otpora.

1. Uđi u svoje dete senke i pusti ga da uzme reč. Čega se boji? Šta podmeće sagovorniku? Da li se boji da će biti izmanipulisano i stavljeno pod kontrolu? Koja principijelna uverenja su tu na delu?
2. Pređi u poziciju sagovornika i oseti kako se on oseća s tobom? Šta opažaš očima svoga sagovornika?
3. Uđi u treću poziciju opažanja i posmatraj vas oboje iz svog odraslog *ja*. Kritički proceni situaciju svojim zdravim razumom. Budi sopstveni trener i posavetuj sebe kako da konstruktivno postupiš.

1. Ako me šef za nešto zamoli, odmah postajem agresivan i mislim: „Ja stvarno dovoljno radim? Pitaj, bre, nekog drugog!" To je moje dete senke koje se boji da će biti prikraćeno.
2. Moj šef možda prosto misli da sam sposoban i zato mi rado poverava zadatke. Verovatno oseća da ga ne razumem zaista. Ja bih se na njegovom mestu ponekad čak i naljutio. Naposletku, ako hoću da budem iskren, on mi je više puta čuvao leđa. I daje mi unapređenja.
3. Objektivno gledano, od drugih zahtevam prilično mnogo suptilnosti, ali sâm umem da budem suviše grub. Ako bi trebalo da sâm sebi dam neki savet, to bi bilo: prvo razmisli, pa onda pričaj. Najpre proveri da li je šefov zahtev u redu ili je neprimeren. A onda ljubazno odgovori. Svaki put iznova donesi odluku. To bi vredelo pokušati

Za sunčano dete: Molim te ustani, zategni sve mišiće na telu i pritom glasno govori i ponavljaj: „Moram da držim sve pod kontrolom." A onda se opusti, pusti da ti svi mišići postanu meki, duboko udahni do stomaka i ponavljaj: „Smem da imam poverenja."

Nauči da imaš poverenja

Buntovna deca senke imaju veliku potrebu za kontrolom jer im je vrlo teško da imaju poverenja. Preduslov za to da imaju poverenja u neku drugu osobu je, međutim, da najpre imaju poverenja u sebe. Jer tek tada čovek oseća izvesnu unutrašnju sigurnost da podnese i eventualno razočaranje. Bez poverenja u sebe nema ni poverenja u druge. I ovde ponovo određenu važnu ulogu igra pitanje šta bi u najgorem slučaju moglo da se desi. Notorno nepoverenje je, naime, kod ovog deteta senke postalo hronično i ono teško pušta odraslo *ja* da kritički preispita situaciju.

Molim te da sav uđeš u mod svog sunčanog deteta. Misli na svoja nova principijelna uverenja, na svoje jake strane, resurse i vrednosti. Oseti kako ti to daje snagu i oslonac. A onda pusti da ti misli odlutaju do neke osobe prema kojoj uvek držiš izvesnu bezbednosnu distancu i oseti – iz moda svog sunčanog deteta – da li je to zaista potrebno.

Upitaj se...

- Šta u najgorem slučaju može da ti se desi ako odustaneš od kontrole i imaš više poverenja.
- Da li *stvarno* ne bi podneo izvesno razočaranje.
- Da li ima *razumnih* argumenata za to da nemaš poverenja u druge.
- Da li drugi *stvarno* zaslužuju tvoje nepoverenje.
- Ko je žrtva, a ko krivac? Da li je moguće da svojim nepoverenjem činiš nepravdu drugima i da je naposletku druga osoba zapravo žrtva strahova tvoga deteta senke?

Molim te da ovako postupiš i s drugim ljudima prema kojima si nepoverljiv. Nauči da napraviš razliku kada je nepoverenje opravdano, a kada predstavlja čistu projekciju tvoga deteta senke.

Ako odustanem od kontrole, drugi će potpuno odlučivati o meni. A možda će onda uraditi stvari koje ja neću. Sabina bi, na primer, mogla da preuredi dnevnu sobu. Ili bi – ako se radi o nekom konkretnom zadatku na poslu, pa stvari krenu naopako – na kraju ja bio kriv. Ne, zapravo bih morao da kažem: na kraju bih se ja osećao krivim.

Da podnesem razočaranje? Teško. Zato što se odmah osećam odgovornim za to. Radije ću uzeti stvar u svoje ruke. Tako se osećam bolje. Ali to je i vrlo naporno, tačno je. I preživeo bih ako neki put drugi odlučuju – a onda stvar krene naopako.

Tako loša iskustva kao odrasla osoba još nisam imao, ako hoću da budem pošten. Jednom sam, recimo, bio nedelju dana bolestan. A moj kolega je preuzeo najvažnije zadatke, u toj meri da se stvarno nije desilo ništa strašno. Ali strah od toga mi je poznat iz mog detinjstva.

Ja kao krivac? Do sada sam se uvek više osećao kao žrtva. Ali tačno je. Zato što sve uzimam na sebe, naravno da niko drugi u timu ne može baš da pokaže šta ume. A to zapravo takođe nije lepo od mene.

Za sunčano dete: Molim te da legneš vrlo udobno i da zatvoriš oči. Oseti kako te podloga drži, oseti kako si bezbedan. Zamisli da te preplavljuje sunčeva svetlost i pri svakom izdahu reci: „Smem da pustim! Smem da budem ja! Imam poverenja u sebe!"

Vežbaj empatiju

Ljudi koji su prešli na stranu otpora često su toliko zaokupljeni svojim razgraničavanjem da im teško pada da se empatički užive u sagovornika, bar ako se upravo nalaze u svom modu borbe i kontrole. Zbog nedostatka poverenja, njihovo dete senke brzo u sagovornika projektuje izvesnu nadmoć i neprijateljstvo, protiv kojih mora da se brani. Tu ne ostaje mnogo mesta za osećanja „neprijatelja", koji je vrlo često sopstveni bračni partner.

Sutra, ili još bolje već danas, poduhvati se zadatka da se jednom potpuno empatički uživiš u neku osobu s kojom tokom dana imaš posla. Pritom uveri svoje dete senke da ste danas veliki i da svet napolju nije mama i tata. Jasno mu daj do znanja da ste danas slobodni i da možete da učestvujete u oblikovanju svojih veza i odnosa.

Zatim se svim čulima uputi u mod svog sunčanog deteta i izvuci na površinu svoja pozitivna principijelna uverenja. Misli i na svoje jake strane i resurse. Oseti koliko ti sigurnosti i snage to daje. S tom sigurnošću lakše će ti pasti da se prilagodiš drugoj osobi.

Molim te da uveče zapišeš iskustva koja si danas stekao radeći ovu vežbu.

Danas sam se ponovo svađao sa Sabinom jer je mislila da joj naprosto previše retko pomažem. Ovog puta sam ostao sasvim miran. Slušao sam šta mi prebacuje. Kaže da ima osećaj da je uopšte ne vidim, da ne čujem šta joj je potrebno itd. Tu sam prvi put čuo da ona zapravo priča o svojoj nevolji – a da je prebacivanje meni samo maska za to. Uprkos tome, teško mi je palo da ostanem miran. Pošto primećujem kako me vuče dole kada je tako besna na mene i jadikuje. Ali tu sam pomislio na svoju stranu sunčanog deteta. Usredsredio sam se na to da sam potpuno u redu, iako sam ponekad malo distanciran. Nakratko sam izašao iz situacije i zamislio sliku – šumu u kojoj stojim i naprosto sam jedno s prirodom – a onda sam ponovo mogao da se vratim, osetio sam se snažnim i sigurnim i mogao sam mirno da razgovaram s njom – i da je prosto zagrlim. Bio je to potpuno drugačiji kontakt nego inače. Mada sam joj čak i prilično jasno rekao da mislim da je tu nešto pobrkala. Da svoju brigu da nije voljena prebacuje na mene, ne razmišljajući da li je to stvarno tačno. Onda se ona zamislila i počela je da priča kako je kao dete stvarno stalno čeznula za tim da se oseća zaštićeno – i da je upravo sada ponovo bila tako dečje očajna. Ali mogla je tome da se nasmeje. Osetili smo veliku bliskost.

Odsad pa nadalje budi vrlo pažljiv kad se tvoje dete senke nalazi u stanju otpora, i odmah se prebaci u perspektivu posmatrača. Uspostavi naviku da stalno menjaš perspektivu i da se uživljavaš u sagovornika.

Za sunčano dete: Oseti kako je tvojoj najdražoj osobi ako se ti mnogo više nego pre uživiš u njenu situaciju.

Slušaj!

Jedna od velikih vrlina je i sposobnost da druge ljude stvarno slušamo. Slušanje je most koji vodi do empatije. Mnogima to, međutim, teško pada. Brzo odlutaju u svoje misli i završe kod sebe samih. Da bi čovek bio spreman da čuje i da primi, neophodno je da neko vreme ostavi po strani sopstvene brige i misli. U tom cilju možeš da zamisliš da ih prosto pakuješ u neki trezor, koji zatim zaključavaš. Pošto imaš ključ, u svako doba možeš ponovo da ga otključaš ako je to potrebno. Usredsređenost na sagovornika može da dovede i do isceljujućeg samozaborava, tako da se zaista malo distanciraš od sopstvenih problema.

Pažljivo slušanje druge osobe je unutrašnji stav koji može da se uvežba tako što ćeš se *stvarno* zainteresovati za ono što on, ili ona, kaže.

Celom svojom pažnjom se usredsredi na sagovornika i pritom veoma vodi računa da ne zapadaš unapred u pogrešna tumačenja. Da bi to izbegao, možeš češće kratko da rezimiraš ono što si razumeo, tako što ćeš da pitaš: „Dakle ti misliš...?" ili: „Jesam li dobro razumeo da ti...?" Tada tvoj sagovornik ima priliku da te ispravi ako si nešto pogrešno shvatio.

Danas ili sutra poduhvati se zadatka da svakoga koga sretneš veoma pažljivo saslušaš. Uveče, molim te, zapiši kakva iskustva si pritom stekao.

Za sunčano dete:

Više slušaj no što pričaš – tome priroda nas uči: dva uva nam ona dade, jedan jezik sam se muči.

Gotfrid Keler

Vežbaj blagonaklonost i hvali druge i sebe

Blagonaklonost je suština svake ljudske veze i odnosa. Detetu senke, međutim, često teško pada da bude blagonaklono jer ne oseća da je ravnopravno sa sagovornikom, već oseća da je sagovornik nadmoćan ili jači. Dete senke, nažalost, može da bude veoma nepoverljivo, sitničavo i zavidljivo. Odraslo *ja* takvog deteta senke ne samo što strogo sudi samome sebi već i svojim bližnjima. Pritom ovo pesimističko-kritičko gledanje na bližnje nije ništa realnije od blagonaklonog gledanja, kada je reč o realnom sadržaju sopstvenih procena. Iskustvo mi govori da drugim ljudima činimo veoma veliku nepravdu zbog nedostatka blagonaklonosti. Najgore i društveno najopasnije iskrivljavanje opažanja uvek nastaje iz preteranog straha i nepoverenja, a ne iz preterane blagonaklonosti. Zbog toga je za zajednicu korisno ako smo što češće u stanju sunčanog deteta, ili bar u stanju unutrašnjeg odraslog. Dakle, još jednom: obezbedi sebi dobro raspoloženje, pa ćeš automatski blagonaklonije opažati i svoje

bližnje. Odatle nastaje pozitivno uzajamno dejstvo: što sam ja blagonakloniji, to se i drugi ljubaznije i blagonaklonije odnose prema meni.

1. Uđi u unutrašnje stanje sunčanog deteta, onako kako si naučio.
2. Molim te da misliš na neku osobu koja te je uvredila svojom primedbom i da na nju gledaš s blagonaklonošću.
   - Kakve brige i strahovi muče tu osobu?
   - Zašto je stavila tu primedbu?
   - Da li si sâm tome nečim doprineo?
   - Da li je moguće da je ta osoba sasvim drugačije mislila?
3. Molim te da preispitaš svoje tumačenje ove primedbe tako što ćeš je analizirati s gledišta svoga deteta senke.

____

____

____

____

Prijatelj mi je danas rekao da bih mogao češće da mu se javim. Odmah sam se iznervirao i osetio sam se loše, nesposobno – jer je u pravu. A istovremeno sam bio i ljut što me kritikuje.

Kada sam napustio mod deteta senke i situaciju još malo pogledao očima sunčanog deteta, pomislio sam:

- Prijatelj je svojom primedbom možda naprosto mislio ono što je rekao: voleo bih češće da te viđam, ali ti se tako retko javljaš.
- Moguće je i da i sâm ima grižu savesti, pa da to radije prebacuje na mene nego da bude iskren sa sobom.
- Stalno jadikujem zbog toga što se ne viđam s prijateljima, i to je tačno. To će se, naravno, promeniti samo ako se i sâm za to aktivno pobrinem. Stvarno bih mogao da pozovem prijatelje da izađemo zajedno.
- Taj moj prijatelj i ja poznajemo se i uzajamno cenimo već petnaest godina. Stvarno nema razloga da nam sad iznenada odnosi postanu loši. Mnogo pre će biti da me je prosto pogodio u slabu tačku, brigu moga deteta senke da ne zadovoljavam.

Za dete senke: Molim te, pevuši i ponavljaj: „he-he-he – baš vas volim sve!"

Blagonaklonost u sebi sadrži i to da svoje bližnje hvalim, to jest da im dajem komplimente. Buntovnom detetu senke to posebno teško pada jer je veoma zaokupljeno razgraničavanjem. Počni od toga što ćeš hvaliti samoga sebe.

1. Molim te napravi spisak svega što radiš odlično, to jest na šta možeš da budeš ponosan i da sebe pohvališ. Nađi bar sedam razlog za to.

2. Molim te, vežbaj i *zahvalnost.* Za šta sve možeš da budeš zahvalan u svom životu? Molim te da pritom ne zaboraviš da živimo u blagostanju. Budi, dakle, zahvalan za tekuću vodu i struju koje ti svakoga dana stoje na raspolaganju, kao i za svoje zdravstveno osiguranje. To su za sve nas stvari koje se podrazumevaju, ali o kojima mnogi na ovom svetu sanjaju. Molim te da pronađeš najmanje sedam razloga zbog kojih treba da budeš zahvalan.

3. Danas sebi daj zadatak da hvališ druge ljude. Hvali svog partnera, svoju decu, svoje kolege na poslu, svoje prijatelje, ili naprosto ljude koje srećeš. Večeras, molim te, zapiši iskustva koja si pritom stekao.

Za sunčano dete: Molim te ustani, udaraj se prekrštenim rukama po ramenima i pevuši:

- Danas sam mnogo stvari dobro uradio!
- A nešto već i kraju priveo!
- Pa zato sebi kažem: živeo!
- Nisi loš ni ti, i tebe hvale svi!
- Svako kako zna!
- Od samoga početka!

Kaži ponekad *da!*

Buntovno dete senke obično nema problema s tim da kaže *ne*. Pritom, doduše, ponekad oseća grižu savesti, kao i oni prilagođeni, ali njegova sloboda ima primat. Ono želi da zadrži nadmoć – u razgovoru, u planiranju aktivnosti, na poslu – zapravo u svim životnim domenima. Zato može da bude teško da se s njim dođe do konsenzusa, ili makar do kompromisa. Ovo dete senke često protivureči, što razgovor i ophođenje s njim može da učini vrlo napornim. Mnogo češće nego *da*, ono kaže: „Da, ali…“ i time otežava zajedničko napredovanje. Razmišljanje ovog deteta senke veoma zaokuplja bojazan da će doći u podređeni položaj i biti izmanipulisano, a ono hoće da pobeđuje i da bude u pravu.

Molim te da ceo jedan dan svesno paziš u kojim situacijama i s kojim sagovornicima brzo prelaziš u otpor i formulišeš prigovore. Istraži svoje dublje motive i svoj deo deteta senke. Stalno se pitaj: „Da li moje pretenzije *stvarno* imaju neke veze sa samom stvari, ili mi je stalo do toga da zadržim vođstvo/budem u pravu?“ Molim te da uveče ovde ukratko proceniš to svoje samoposmatranje:

Narednog dana, molim te, kreni korak dalje i pokušaj da sasvim svesno dođeš do konsenzusa i saglasnosti. Dakle, ne pitaj se: „U čemu se razlikujemo?“ i: „Kako mogu da se razgraničim?“, nego: „Šta nas povezuje? Gde mogu da se složim?“ Molim te da uveče ovde u kratkim crtama zapišeš svoja iskustva:

Za sunčano dete: Molim te ustani, podigni ruke uvis i reci:

- Da, ja sam za ovaj život!
- Da, ja sam za to da postojim!
- Da, ja hoću da se ti i ja dobro razumemo!
- I ja se otvaram za to!

Pronađi svoje lične dragocene strategije

Sada si dobio veoma mnogo informacija, saveta i predloga kada je reč o tome šta ubuduće možeš sasvim konkretno da vežbaš u svom ponašanju. Za tebe možda neće biti lično relevantne sve dragocene strategije koje sam spomenula. Mnogo od onoga što sam predložila kao dragocene strategije ti možda već živiš.

Potraži, dakle, među dragocenim strategijama one koje su od značaja za tebe lično i zapiši ih što konkretnije, u stopalima svog šablona sunčanog deteta. Molim te da pišeš cele rečenice u prvom licu, a ne samo odrednice: to pomaže da se novi načini ponašanja zaista i sprovedu u delo. Nemoj, dakle, da pišeš: „Uživam u svom životu", već: „Svakog dana šetam jedan sat, a oko šest sati uveče prestajem da radim" itd.

Možda ti je pala na um i neka dragocena strategija koju nisam spomenula, ali koja je za tebe važna. Molim te da je u tom slučaju zapišeš – u ovoj knjizi nikada nisu postavljane granice tvojoj kreativnosti.

Sada pred sobom imaš završeno sunčano dete. Jasnu viziju kuda putovanje treba da vodi. Molim te da tu sliku okačiš u svom stanu i da je fotografišeš mobilnim telefonom, tako da je uvek imaš sa sobom. Najbolje bi bilo ako bi se svakoga jutra pet minuta „igrao" sa svojim sunčanim detetom kako bi potpuno svesno zaronio u njega i s njim krenuo u novi dan. Što češće postaješ svestan svog sunčanog deteta, to više će se samo po sebi podrazumevati da ono nalazi svoj zavičaj u tebi, a tvoje dete senke moći će mirno da se opusti i odmori.

Trans sunčanog deteta

Kako bi i sunčano dete našlo svoj zavičaj duboko u tvojim osećanjima i tvojoj podsvesti, za tebe sam pripremila ovaj trans, koji možeš da daunloduješ sa http://www.kailash-verlag.de/daskindindir (diesonnenkindtrance). Preporučujem ti da ga često slušaš.

Prosto živi svoj život!

Stigli smo do kraja ove radne sveske i nadam se da si iz nje mogao da izvučeš mnogo novih saznanja i iskustava. Većina briga koje brinemo potiče iz verovanja u duhove. Duhove prošlosti koji nam ulivaju strah, stid i užas. Ako ti pođe za rukom da se oslobodiš svog starog verovanja u duhove i da umesto toga opaziš stvarnost, oslobodićeš se preterane sumnje u sebe i moći ćeš da rešiš (skoro) svaki problem. Tvoje dete senke je jedno drago, siroto stvorenje, ali opsednuto je verovanjem u duhove od koga ti, dobri i dobronamerni odrasli, možeš da ga izlečiš. Što ti ovo bolje pođe za rukom, to jasniji će biti tvoje opažanje i tvoja svest o onome što je *stvarno.*

Lično verujem da imamo samo ovaj jedan život i da on mora da se živi, svakoga dana, punim plućima. Zato ti savetujem: „Nemoj da ga „proćerdaš" na predavanje svojim starim projekcijama. Preuzmi odgovornost za svoja opažanja, osećanja, mišljenja i postupke. Molim te da ne čekaš da se tamo napolju, u svetu, dogodi nešto što će te osloboditi. Nemoj čekati na priznanje od ljudi koji ne mogu da ti ga daju jer su i sami previše zarobljeni u sopstvenim senkama. Svakog dana stavi sebi u zadatak da uzmeš učešća u ovom životu, da učestvuješ u njegovom oblikovanju. Ne dopusti da ti se život prosto događa, već dozvoli sebi da imaš vizije i ciljeve i da se boriš za njih. Svaki korak koji pređeš na svom sasvim ličnom putu ispravan je. Čak i ako nekad zalutaš, praviš greške ili čak pretrpiš neuspeh. Nije loše pasti, loše je samo ako ostaneš da ležiš. Ustani i idi dalje – najpametniji postajemo kad pretrpimo neku štetu. Najveći koraci u našem razvoju proizilaze iz životnih kriza. Molim te da se otvoriš i da prosto budeš za ovaj život. Ako si za ovaj život, onda si i za to da ne ide sve lako jer nikada ne ide sve lako. Krize i padovi prosto spadaju u život, kao i usponi. Upravo kada se čovek za nešto s mukom bori i kada mora da trpi neuspehe, naročito je ponosan ako na kraju ipak uspe. Da bi uspešno koračao svojim putem uopšte nije toliko važno da li si imao lako ili teško detinjstvo. Sve dok ti uspeva da svoje dete senke držiš na oku, drugim rečima: da više ne veruješ u stare, pogrešne poruke, put će ti biti otvoren. Budi hrabar i idi nogu pred nogu. A pritom, molim te, nikada nemoj da zaboraviš da se pobrineš za radost i za zabavu. Moj voljeni otac, koji je nažalost odavno umro, uvek je govorio: „Kome bi loš život trebalo da koristi?“ Tako i jeste. Sve dok nam donekle dobro ide, dok nas ne pogađaju rat i teške katastrofe, trebalo bi da uživamo u svom životu. A i ovo je veoma važno: pritom treba da pazimo da i drugim ljudima bude dobro i da poklanjamo deo svog blagostanja. Dobra dela i velikodušnost čine nas srećnijim nego tvrdičluk i sitničavost.

Naposletku, (skoro) sve je u tvojim rukama: imaš svu slobodu da svoj život oblikuješ sâm, ali stoga imaš i odgovornost. Smeš slobodno da odlučuješ! Smeš da budeš taj koji jesi! I smeš da imaš lep život!

U tom smislu, želim ti sve najbolje i mnogo radosti na ovom tvom sasvim ličnom putovanju.

Štefi Štal

DETE SENKE

DETE SENKE

SUNČANO DETE

SUNČANO DETE

Ponedeljak	Utorak	Sreda	Četvrtak	Petak	Subota	Nedelja
...	...	...	...	...	...	...

Ponedeljak	Utorak	Sreda	Četvrtak	Petak	Subota	Nedelja
...	...	...	...	...	...	...

899,00

Stefani Štal
DETE U TEBI MORA DA PRONAĐE SVOJ ZAVIČAJ
Radna sveska

Za izdavača
Dejan Papić

Urednik
Nebojša Barać

Lektura i korektura
Milan Gligorijević

Dizajn korica
Marija Vasović

Slog i prelom
Predrag Bujić

Tiraž
2000

Beograd, 2021.

Štampa i povez
Margo-art, Beograd

Izdavač
Laguna, Beograd, Resavska 33
Klub čitalaca: 011/3341-711
www.laguna.rs
e-mail: info@laguna.rs

CIP – Каталогизација у публикацији
Народна библиотека Србије, Београд

159.947.3(076.5)
159.923(076.5)

ШТАЛ, Штефани, 1963-
Dete u tebi mora da pronađe svoj zavičaj : radna sveska / Štefani Štal. - Beograd : Laguna, 2021 (Beograd : Margo-art). - 115 str. : ilustr. ; 30 cm

Prevod dela: Das kind in dir muss heimat finden / Stefanie Stahl. - Tiraž 2.000.

ISBN 978-86-521-4232-3

а) Психологија личности -- Самопомоћ -- Vežbe б) Психологија успеха -- Вежбе

COBISS.SR-ID 43949321